MO Yan

Le Radis de cristal

Récits traduits du chinois par
Pascale Wei-Guinot et Wei Xiaoping

Éditions
Philippe Picquier

DU MÊME AUTEUR
AUX ÉDITIONS PHILIPPE PICQUIER

La Carte aux trésor
La Joie

Titres originaux : *Tuomingde hongluobo* et *Qiushui*

Mas de Vert

B.P. 20150.

13631 Arles cedex

En couverture : peinture sur soie (dynastie des Song)

Conception graphique : Picquier & Protière

ISBN : 978-2-87730-517-4
ISSN : 1251-6007

Préface

Mo Yan est né en 1956 entre les quatre murs noircis par la suie d'une cahute du canton de Gaomi (province chinoise du Shandong).

Mon premier son, en prenant contact avec la surface sablonneuse du kang[1] *sec et brûlant, fut une sorte de gémissement rauque avorté. A l'âge de deux ans, je ne savais toujours pas parler...*

Enrôlé par l'armée en 1976, Mo Yan commence à écrire au début des années quatre-vingt. Après une série de courtes nouvelles, *Le Radis de cristal* le révèle au grand public.

Gaomi est un pays de souvenirs et de

1. Dans le nord de la Chine, grand lit commun comportant un foyer installé dans la base en brique.

légendes, parfois douces et enchanteresses, mais souvent cruelles, que Mo Yan nous raconte au fil de ses romans. Son expérience du milieu rural l'a véritablement « impressionné ». Privé d'enfance par la faim et l'indifférence des adultes à son égard, Mo Yan est toujours relié à cette période tailladée par les contrastes. Avec des relents d'amertume pour ne pas avoir eu l'enfance qu'il aurait souhaitée, il s'est mis à la recréer dans ses rêves et nous fait part du monde auquel il n'a cessé d'aspirer. Comme Noiraud dans *Le Radis de cristal*, comme le narrateur de la nouvelle *Déluge* et celui du roman *Le Clan du sorgho*, il est toujours en quête de quelque chose, essayant de trouver sa place au sein de la nature et parmi les humains.

Le lecteur est en permanence prêt à chavirer tantôt dans un monde tout à fait réaliste, tantôt dans l'irréel et le féerique, mais aussi dans le cauchemardesque dont sont souvent teintés les récits des anciens de Gaomi : épisodes de la guerre sino-japonaise dans *Le Clan du sorgho*, aventures de jeunesse des grands-parents dans *Déluge*. Plus Mo Yan écrit, moins il paraît se satisfaire du réalisme. Au travers de personnages-clés comme le petit Noiraud du *Radis de cristal*, il exprime une sensibilité développée à l'extrême.

Noiraud, immergé dans un monde d'adultes très terre-à-terre, reste en communion permanente avec la nature. Il ne communique jamais par la parole, mais entend le bruit d'un cheveu qui tombe, les poissons qui papotent, et s'émeut du crépitement produit par la rencontre de la paume de sa main avec du métal incandescent. Grâce à son ultra-sensibilité, non seulement les sons, les odeurs, les couleurs et les matières nous sont révélés de manière plus intense, mais aussi les rapports entre les humains dans leur plus grande tendresse (une histoire d'amour prend place en toile de fond : jamais racontée mais évoquée ponctuellement par de brèves émotions furtives) et dans leur plus grande cruauté. Grâce aux couleurs, aux sons, aux touchers, aux lumières, aux odeurs et aux goûts, Mo Yan installe une précieuse distanciation. Son œuvre est ponctuée d'ondes colorées, sonores et lumineuses qui fusent de droite et de gauche quand il devient nécessaire de prendre du recul avec la réalité ambiante. Ainsi, on se retrouve régulièrement à mi-chemin entre la science-fiction, le rêve, la féerie et le réel.

Avec *Déluge* et *Le Radis de cristal*, on assiste à la transformation du pays de Gaomi, berceau natal et source d'inspiration de l'auteur. Dans *Déluge*, les grands-parents du narrateur, premiers pionniers de la région, sont aux prises avec les eaux du marais, avec les eaux des pluies diluviennes qui s'abattent sur eux. Avec *Le Radis de cristal*, la présence des champs cultivés à l'infini rythme l'activité humaine. Thème que Mo Yan développera dans *Le Clan du sorgho* : champs-refuges, champs-pièges, champs des amours et champs-tombeaux.

LE RADIS DE CRISTAL

I

L'air en ce matin d'automne était humide et lourd. Un voile de rosée couvrait les herbes folles et les tuiles des toits. Les feuilles de l'acacia jaunissaient déjà. Une cloche mouchetée de rouille, parsemée de gouttelettes d'eau était suspendue à l'arbre. Le chef d'équipe, une veste doublée jetée sur les épaules, tenant d'une main une galette de sorgho, serrant de l'autre un oignon épluché, se dirigeait nonchalamment vers la cloche. En arrivant dessous, plus rien ne lui restait dans les mains. Ses joues étaient aussi gonflées que les bajoues d'un campagnol acheminant sa provision de céréales pour l'hiver. Il tira sur la corde et le battant percuta la paroi – dong, dong, dong ! Jeunes et vieux surgirent des ruelles et se rassemblèrent sous la cloche. Ils regardaient le chef d'équipe avec un air hagard de pantin. Celui-ci avala péniblement sa dernière bouchée, puis du coin de sa manche, essuya sa bouche camouflée sous un épais collier de barbe. Tous les yeux étaient rivés sur ses lèvres qui finirent par délivrer une pluie d'injures :

— De vraies crapules, ces bâtards de la commune ! Aujourd'hui, ils nous prennent deux maçons, demain ce sera deux charpentiers, toute notre force de travail est en train de s'envoler !

Se tournant vers un jeune homme surnommé Shijiang ou « tailleur de pierre », il dit :

— La commune veut élargir la vanne de retenue des eaux derrière le village. Chaque équipe de production doit envoyer un tailleur de pierre et un apprenti. Le mieux serait que tu y ailles.

Shijiang était grand, les épaules larges et solides. Il avait beaucoup d'allure. Sourcils noirs, dents blanches : un contraste qui faisait ressortir son élégance. Une mèche ayant glissé sur son front, il la remonta d'un délicat mouvement de tête et, bégayant légèrement, demanda qui irait comme apprenti. Le chef d'équipe se serra frileusement dans son vêtement et grommela en roulant les yeux :

— C'est aux femmes d'y aller, mais elles doivent cueillir le coton. Y envoyer un homme, quelle perte pour nous…

A la fin, son regard s'arrêta sur le coin d'un mur où se tenait un jeune garçon d'environ dix ans. L'enfant était pieds nus, le torse à l'air. Il portait un caleçon très large, à rayures vertes sur fond blanc, maculé de taches dues sans doute au suc des herbes et au sang séché. Le caleçon s'arrêtait net aux genoux et l'on pouvait voir plus bas d'innombrables petites cicatrices luisantes.

— Noiraud, p'tit cabot ! Tu es encore en vie ?

Le chef d'équipe regarda la poitrine maigre et saillante de l'enfant :

— Je te croyais parti retrouver le roi des Enfers ! Et ton paludisme, c'est fini ?

L'enfant ne disait rien, gardait ses yeux brillants et noirs fixés sur le chef d'équipe. Il avait une très grosse tête et un cou longiligne. Cette énorme caboche difficile à soutenir semblait vouloir basculer dans le vide à tout moment.

— Cela te plairait de réunir quelques points de travail ? Au fait, à quoi peut-on bien employer un gringalet de ton genre ? On a toujours peur qu'un pet te renverse... Tu iras avec Shijiang sur le barrage et tu lui serviras d'apprenti, d'accord ? Retourne chez toi prendre un marteau et va t'installer sur le terrain. Si ça te plaît, casse autant de cailloux que tu voudras, sinon c'est pas la peine de t'épuiser, de toute manière, l'expérience prouve que les travaux entrepris par la commune ne sont que des attrape-nigauds !

L'enfant se glissa lentement près de Shijiang et saisit le coin de son vêtement. Le tailleur de pierre tapota amicalement son petit crâne rasé en forme de calebasse et dit :

— Retourne chez toi réclamer un marteau à ta belle-mère. Je t'attends à l'entrée du pont.

L'enfant prit le pas de course. Il avait les mouvements d'un coureur, mais la vitesse n'y était pas. Ses bras maigrelets se balançaient avec énergie, on aurait dit l'épouvantail du fond de la vallée quand il est chahuté par le vent. L'assemblée, qui l'avait suivi des yeux, frissonnait à la vue de son dos nu. Le chef d'équipe serra vigoureusement sa veste molletonnée contre lui et lui cria :

— Dis à ta belle-mère de te donner un paletot. Oh là là ! Pauvre petit asticot !

Noiraud passa la porte de chez lui d'un pas précautionneux. Un petit garçon était agenouillé dans la cour, s'amusant à mélanger son pipi avec la terre. Deux traînées de morve lui coulaient des narines. Voyant Noiraud arriver, il redressa sa frimousse toute plate et lui tendit les bras en ronchonnant :

— *Gege... Baobao...*[1]

Noiraud ramassa une feuille d'abricotier rouge clair pour essuyer le nez de son frère, puis, splach ! colla la feuille pleine de morve sur le mur comme s'il s'agissait d'un tract. Il fit un signe au petit et se glissa dans la maison. Au coin d'un mur, il trouva un marteau pied-de-biche et ressortit furtivement. Le petit garçon se précipita de nouveau sur lui en criant. Noiraud choisit alors une brindille et dessina un grand cercle autour de lui. Puis il se débarrassa de la brindille et s'en alla en toute hâte derrière le village. Là se trouvait un pont à neuf arches sous lequel coulait une rivière ni grande ni petite. Les berges étaient plantées de saules pleureurs bien alignés.

1. « Grand frère... Prends-moi dans tes bras... »

Durant les inondations de l'été, les troncs avaient été recouverts de racines chevelues rouges. Depuis, l'eau s'était retirée et les racines avaient séché. Les feuilles étaient déjà vieilles ; certaines, de couleur orangée, dérivaient lentement dans le sens du courant. Coin-coin ! quelques canards circulaient aux abords de la rivière, plongeant régulièrement leur bec rouge au milieu des herbes. Trouvaient-ils seulement quelque chose à picorer dans cette incessante recherche ?

L'enfant courut jusque sur la berge. Il était fatigué et le souffle lui manquait. On aurait dit qu'une poule caquetait dans sa cage thoracique.

— Noiraud !

Shijiang, en bout de pont, l'appela de sa voix puissante :

— Dépêche-toi un peu !

Noiraud, prenant l'attitude du coureur, marcha jusqu'à Shijiang qui l'examina et demanda :

— Tu n'as pas froid ?

Noiraud le fixa d'un regard ahuri. Le tailleur de pierre portait un pantalon de travail en coton bleu épais et un blouson du même tissu. Le col de son polo, rouge feu, attirait l'attention et l'enfant avait les yeux rivés dessus, comme captivé par une flambée de bois.

— Qu'est-ce que tu as à me regarder comme ça ?

Shijiang donna une pichenette sur la tête de l'enfant qui se mit à dodeliner comme un petit tambour à boules :

— Toi alors, les coups de ta belle-mère t'ont rendu idiot !

Shijiang sifflait tout en battant la mesure sur le crâne du garçon. Les deux compères s'engagèrent sur le pont. Noiraud faisait très attention à sa démarche, essayant de garder la tête dans la position qui convenait le mieux aux besoins de son compagnon. Les articulations des doigts de Shijiang étaient très grosses et aussi dures qu'un battoir. Ça faisait mal, mais Noiraud supportait sans broncher… Seul le coin de ses lèvres se relevait parfois, un peu crispé. Shijiang sifflait à merveille, de sa bouche rouge et humide s'échappait un chant clair qui se répandait dans l'azur.

Passé le pont, en grimpant sur la digue et en parcourant deux cent cinquante mètres vers l'ouest, on trouvait le barrage. C'était en fait une sorte de pont à écluses bâti le long de la rivière, dont les planches de bois mobiles permettaient de retenir ou de lâcher les eaux de la crue. Sur la digue en pente douce s'espaçaient de petits acacias. Au bord du cours d'eau s'étendait une plage de plusieurs dizaines de mètres de terre meuble et de sable fin où poussaient des herbes sauvages sorties subitement après la décrue. De l'autre côté de la digue, un vaste terrain servait chaque année à décongestionner la rivière. Le sable charrié à cette occasion s'accumulait, transformant un sol de terre noire très serrée en une terre grasse et fertile. Cette année, les eaux étaient restées basses, ne mettant pas la digue en danger. Il n'avait donc pas été nécessaire d'ouvrir les vannes. Le réservoir, lui, avait été planté de chanvre blond du Bengale, qui était maintenant aussi dense que la forêt vierge. C'était le petit matin, une légère brume était restée accrochée au sommet des tiges donnant au champ la profondeur de l'océan.

Shijiang et Noiraud arrivèrent au barrage sans se presser. Deux groupes étaient déjà constitués. Les hommes d'un côté, les femmes de l'autre, tels deux bataillons sur le point de s'affronter. Un cadre de la commune, son petit carnet à la main, s'agitait au milieu et débitait un flot de paroles. Noiraud se laissa traîner par Shijiang le long du parapet jusque devant l'homme.

— Adjoint-chef Liu Taiyang, nous sommes délégués par notre village, annonça le tailleur de pierre.

Shijiang était souvent affecté aux travaux de la commune ; comme l'adjoint-chef Liu les dirigeait la plupart du temps, les deux hommes se connaissaient bien. Noiraud observa la bouche démesurée de l'adjoint-chef. Ses lèvres violacées se heurtaient laissant échapper un chapelet de syllabes :

— Shijiang, fieffé rusé, encore toi ! Votre village sait choisir ses hommes, bordel ! On sait que tu files entre les doigts comme un blanc d'œuf au travers d'une écumoire, encore bien du fil à retordre pour moi… et ton apprenti ?

Les doigts de Shijiang tambourinaient toujours sur le crâne de Noiraud.

— T'appelles ça un homme ? demanda l'adjoint-chef Liu en pinçant le cou de Noiraud qui décolla, les talons dans le vide. En voilà un petit singe maigrelet ! Peux-tu au moins tenir un marteau ? demanda-t-il d'un air féroce.

— Adjoint-chef Liu, la grande qualité du socialisme est de donner à manger à tout le monde. Cela fait trois générations que la famille de Noiraud souffre de la famine, si le socialisme ne se préoccupe pas de leur sort, qui le fera ? Sa mère n'est plus de ce monde, il vit avec sa belle-mère. Son père, lui, est parti dans le Nord-Est, possédé par les mauvais esprits. Il n'a plus donné de nouvelles depuis trois ans. Peut-être même a-t-il été dévoré par le « petit loup » ? Alors, où est passée ta conscience des classes ? demanda Shijiang plus ou moins convaincu, tout en délivrant Noiraud des mains de l'adjoint-chef.

Après ce mauvais traitement, Noiraud avait la tête qui lui tournait. L'odeur d'alcool qui se dégageait de la bouche de l'adjoint-chef lui soulevait le cœur. C'était exactement la même odeur que chez sa belle-mère. Depuis le départ de son père, elle lui ordonnait souvent d'aller à la boutique échanger des patates douces séchées contre du vin. Une seule gorgée la rendait ivre et elle se mettait alors à le battre, le pincer, le mordre…

— Petit maigrichon ! houspilla l'adjoint-chef, qui se désintéressa aussitôt de l'enfant pour reprendre ses instructions.

Son marteau pied-de-biche à la main, Noiraud s'en alla tête basse vers le barrage. La construction avait cent mètres de long et une dizaine de mètres de haut. Du côté nord se trouvait une bande de terre de même longueur sur laquelle subsistait encore l'eau de pluie d'été. Bien agrippé au garde-fou, Noiraud se mit à contempler les pierres du fond de l'eau. Quelques petits poissons plats se faufilaient insouciants entre les roches. Une haute digue qui prolongeait le barrage de part et d'autre constituait un passage obligé sur la route de la ville. Large de cinq mètres, elle était bordée d'un petit parapet en pierre d'à peine cinquante centimètres de hauteur. Quelques années auparavant, des cyclistes étaient tombés dans le vide au passage d'une carriole à cheval. Certains s'en étaient tirés avec une jambe cassée ou les reins brisés, d'autres y avaient rendu l'âme. A cette époque, Noiraud était petit mais bien dodu, son père n'était pas encore parti pour le Nord-Est et sa belle-mère ne buvait pas. Sorti pour voir le spectacle, il était arrivé trop tard. On avait déjà évacué les accidentés. Seule au bas du barrage l'eau croupissante était encore trouble et rouge.

Fort de son odorat, il y avait senti l'odeur âcre du sang mêlé à l'eau…

Noiraud s'appuya sur le garde-fou glacé et le marteau pied-de-biche cogna sur la pierre. Il écouta attentivement le son produit par ce contact. Au même instant, la vision des événements passés s'estompa. Le soleil éclairait violemment la vaste étendue de chanvre au-delà du barrage. Noiraud observa la brume se dissiper. Le chanvre était d'une densité rare, les feuilles humides et luisantes étaient entremêlées les unes aux autres, cachant des tiges encore bien espacées. Noiraud porta son regard vers l'ouest et aperçut un terrain planté de patates douces. A la vue des feuilles recroquevillées aux reflets dorés, il reconnut qu'il s'agissait là d'une nouvelle variété. Chaque segment de tige rampante supportait de nombreuses tubercules, glutineuses et sucrées. Blanches à l'extérieur, rouges à l'intérieur, elles éclataient à la cuisson. Au nord du champ de patates se trouvait un potager, de ceux que les équipes cultivent depuis la récupération par l'Etat des lopins privés. Celui-ci, Noiraud le savait, appartenait à un village situé à quelques kilomètres d'ici. Un village très riche dont le potager comprenait du chou blanc et des navets avec des feuilles d'un vert satiné tirant sur le noir. Au milieu des légumes se trouvaient deux cabanes où vivait un vieillard solitaire. C'était un monde bien connu des enfants. Encore plus au nord, s'étendait du chanvre à perte de vue. Même chose à l'ouest. Le champ de patates douces et le potager étaient totalement cernés. La digue, elle, fermait le dernier côté, créant ainsi comme un vaste puits carré. L'enfant était pensif. Cette étendue de feuilles vertes et violettes et de chanvre pouvaient se transformer, en quelques instants, en une grande nappe d'eau. Les moineaux qui virevoltaient au sommet des tiges se transformèrent dans son esprit en martins-pêcheurs à la recherche de nourriture aquatique…

L'adjoint-chef Liu continuait son sermon ; pour le bien de l'agriculture, il fallait imiter la commune exemplaire de Dazhai. Dans son idée, l'hydraulique était l'élément essentiel du travail de la terre. Selon la constitution en huit points, une agriculture sans eau était comme un enfant sans mère, comme une mère sans lait ou comme une mère dont le lait serait vicié… et sans lait l'enfant ne pouvait vivre. Si un tel enfant survivait, ce serait pour ressembler à ce p'tit singe maigrichon (Liu Taiyang montra Noiraud du doigt. Celui-ci, le dos tourné à l'assistance, laissait voir sur son échine deux grandes cicatrices avec lesquelles jouait la lumière du soleil). Le barrage était assurément trop étroit et très dangereux, puisqu'il ne se passait pas une année sans que quelqu'un s'y tue. Le comité révolutionnaire de la commune avait pris ce problème à cœur et, après une étude minutieuse, avait décidé de l'agrandir. Pour ceci, il avait fallu faire appel à toutes les brigades de production, ce qui représente plus de deux cents ouvriers. Liu Taiyang continua en expliquant de quelle manière allait se dérouler la première phase des travaux :

— Les jeunes filles, les jeunes femmes mariées et les « épouses confirmées »… en ajoutant le p'tit singe maigrichon (il désigna de nouveau l'enfant dont les cicatrices reflétaient la lumière comme deux petits miroirs) rassembleront les pierres qui couvrent une surface de cinq cents mètres carrés et devront les briser en morceaux de la taille d'un jaune d'œuf ou d'une boulette médicinale. Les tailleurs de pierre s'attaqueront aux plus gros blocs et les mettront aux mesures adéquates. Quant aux deux forgerons (il montra deux hommes à la peau mate, l'un petit et jeune, l'autre grand et âgé) leur tâche sera de redonner forme aux outils émoussés des tailleurs de pierre. A la pause de midi, ceux qui habitent près d'ici retourneront chez eux ; pour les autres, on a organisé une cantine au village en amont. Ceux qui sont trop éloignés de chez eux pourront rester dormir sous les voûtes (il montra les quelques dizaines de bouches d'évacuation situées au pied du barrage). Le choix des places s'effectuera en commençant par l'est pour les femmes, par l'ouest pour les hommes. Du foin est éparpillé sous les voûtes, moelleux comme un matelas de ferrailles entremêlées – agréable à en crever, fils de chien !

— Adjoint-chef Liu, vous aussi vous dormirez sous une voûte ?

— Je suis le chef et j'ai un vélo. Que j'y dorme ou non, c'est mon affaire. Inutile de t'esquinter les méninges à mon sujet. Les officiers ont leur propre monture, est-ce le cas du simple soldat ? Nigauds ! N'économisez pas vos forces, de nombreux « points de travail » sont en jeu sans compter la livre de céréales et les deux *mao*[1] supplémentaires pour ces travaux hydrauliques. Celui qui refuse est un imbécile. Même le p'tit singe maigrichon aura droit à sa part, les travaux finis, pour sûr qu'il aura engraissé !

Noiraud n'avait pas entendu un seul mot du discours de l'adjoint-chef Liu. Il était appuyé, les coudes sur le garde-fou, le marteau pied-de-biche entre les mains à écouter le cri des oiseaux et le chant des insectes d'automne au milieu du chanvre. La brume s'estompait, se heurtant dans sa retraite aux feuilles et aux tiges rouge foncé et vert pâle. Le bruissement était assourdissant. Le frottement des ailes des criquets faisait penser au bruit d'un train qui passe sous un pont métallique.

Noiraud avait déjà vu un train en rêve. C'était un animal étrange qui n'avait qu'un œil. Il rampait à même le sol, plus rapide qu'un cheval… et s'il venait à se cabrer ? Au moment où le train s'était dressé, il avait été réveillé par sa belle-mère qui lui tapait dessus avec la balayette. Elle voulait qu'il aille

1. Un dixième de *yuan* (environ un franc).

chercher de l'eau à la rivière. La balayette avait frappé juste sur son derrière, ce n'était pas douloureux, juste une sensation de chaleur. Le bruit qu'il entendit alors ressemblait au son étouffé d'un bâton rentrant violemment en contact avec un sac de coton. Il accrocha les deux seaux remplis à ras bord aux bouts de sa palanche et se redressa. Ses os craquèrent bruyamment. Il lui semblait que ses côtes et ses hanches se rejoignaient. Il grimpa sur la pente abrupte de la digue en tenant fermement la palanche qui se balançait dangereusement. Le petit chemin qui menait au sommet se tordait en lacets au rythme des saules pleureurs. Les seaux tanguaient, on aurait dit que les arbres les attiraient irrésistiblement comme des aimants. Ce ne fut pas seulement une impression. L'eau se répandit sur le chemin qui devint aussi glissant qu'une peau de pastèque. Noiraud effectua une arabesque et se retrouva à plat ventre, inondé par l'eau qui déferlait en cascade. Son visage rencontra la route et son nez s'aplatit ! Profitant de l'occasion, une herbe imprima une minuscule rigole sur sa frimousse toute plate. Du sang lui coula dans la gorge. Il cracha une fois, avala une fois.

Culbutant vers la rivière, les seaux faisaient un harmonieux tintamarre, et Noiraud se mit à ramper pour essayer de les rattraper. L'un d'eux se coucha sur les herbes au bord de la rivière pendant que l'autre flottait, emporté par les eaux. Noiraud suivit le courant, piétinant des herbes sauvages, appelées « roubignoles de chien » par les enfants. Malgré ses efforts pour se retenir aux herbes en les serrant entre ses orteils, il glissa dans la rivière. L'eau était tiède, elle lui arrivait tout juste au nombril. Son caleçon trempé flottait autour de lui comme une ombrelle de méduse. Il se fraya rapidement un passage dans l'eau et rattrapa le seau. Lorsqu'il remonta le courant, l'eau lui résista, et, pour garder l'équilibre, il se mit à ramer d'une main tout en serrant le seau de l'autre, le buste courbé et le cou tendu. Soudain, il eut la sensation d'être encerclé par un banc de poissons. Certains s'attardaient entre ses jambes, lui embrassant tendrement les cuisses. Il s'arrêta à plusieurs reprises pour mieux se rendre compte de la situation, mais cette sensation disparaissait aussitôt et l'eau redevenait calme comme si les poissons, effrayés, s'étaient enfuis. Il décida de ne plus s'arrêter, et les poissons se regroupèrent de nouveau autour de lui. Les yeux à demi fermés, il marcha… marcha…

— Noiraud !

— Noiraud !

Revenant subitement sur terre, il ouvrit grand les yeux. Les poissons avaient disparu. Le marteau lui glissa des mains et tomba à pic dans l'eau verte du barrage. L'eau rejaillit en formant un bouquet de chrysanthèmes blancs.

— Ma parole, ce petit singe maigrelet a un grain de folie !

Liu Taiyang monta sur le barrage, décidé à tirer les oreilles de l'enfant.

— Va vite là-bas casser des pierres avec les jeunes filles. Qui sait ? Peut-être que tu y trouveras une grande sœur ? lui dit-il de sa grosse voix.

Shijiang les avait rejoints, il caressait le crâne glacial de Noiraud :

— Va chercher ton marteau et installe-toi pour briser quelques cailloux. Quand tu en auras marre, tu iras t'amuser.

— Si je te surprends à lambiner, je te coupe les oreilles et je les mange en apéritif ! hurla Liu Taiyang de sa grande gueule.

Un frisson agita Noiraud. Il se faufila entre les barres du garde-fou, empoigna la dernière à deux mains et se retrouva le corps suspendu dans le vide.

— Tu cherches la mort ! s'écria Shijiang vert de peur.

Le tailleur de pierre se pencha et tendit la main à l'enfant. Noiraud esquiva, se retrouva plaqué contre l'un des piliers puis se laissa glisser avec beaucoup d'agilité. On aurait dit un lézard sur un mur de chaux. Une fois dans l'eau croupissante, il récupéra son marteau et disparut sous une voûte.

— Quel animal, celui-là ! dit Liu Taiyang en se frottant la mâchoire, sacré p'tit bout de singe !

Noiraud réapparut et se dirigea peureusement vers le groupe des femmes. Elles se taquinaient les unes les autres. Leurs plaisanteries vulgaires avaient attiré quelques jeunes filles qui, malgré leur désir de savoir, n'osaient tendre l'oreille. Leurs visages étaient aussi rouges que les amarantes. Elles se turent immédiatement lorsque l'enfant apparut. Après un moment d'hésitation, certaines commencèrent à se faire des messes basses. Devant son absence de réaction, elles reprirent de plus belle :

— Regardez ce pauvre mioche, on le laisse aller cul nu en toute saison !

— Ça ne marche jamais quand il ne s'agit pas de sa propre chair.

— J'ai entendu dire que sa belle-mère « pratique » parfois à la maison…

Noiraud leur tourna le dos. Se désintéressant du groupe, il s'éloigna, le regard pointé sur la rivière. L'eau était rouge par endroits et verte à d'autres. Sur la rive sud, des feuilles de saule virevoltaient comme des libellules.

Une jeune fille avec un fichu pourpre sur la tête s'approcha de Noiraud et lui demanda doucement :

— Hé ! petit garçon ! De quel village es-tu ?

Noiraud dévisagea la jeune fille du coin de l'œil. Il remarqua qu'elle avait une légère couche de duvet doré au-dessus de la bouche. Elle avait de grands yeux, mais à cause de ses cils trop fournis elle donnait l'impression de ne pas être bien réveillée.

— Petit garçon, comment t'appelles-tu ?

Noiraud se battait avec une ronce sur le sable. Il arracha méthodiquement six ou huit piquants avec les orteils et les pétrit de la plante des pieds. Comme de véritables fers à cheval, ses pieds brisèrent et broyèrent les piquants. La jeune fille se mit à rire gaiement :

— Tu as de drôles de talents, petit Noiraud. On ne t'aurait pas ferré les pieds par hasard ? Eh bien ! Pourquoi est-ce que tu ne parles pas ? Elle chatouilla l'épaule de Noiraud. Tu m'as entendue ? Je t'ai posé une question !

Noiraud sentit les doigts de la jeune fille glisser le long de son épaule et s'arrêter dans son dos, juste sur les cicatrices.

— Oh ! comment t'es-tu fait ça ?

Les oreilles de l'enfant bougèrent légèrement. La jeune fille vit alors combien elles étaient grandes.

— Tu sais même faire bouger tes oreilles, hi ! hi ! comme un petit lapin !

Noiraud sentit la main de la jeune fille remonter jusqu'à son oreille et deux doigts tâter son joli lobe.

— Dis-moi, Noiraud, ces cicatrices ?

Elle tira légèrement sur les oreilles du garçon de façon qu'il se retourne. Noiraud se retrouva les yeux au niveau de la poitrine de la jeune fille. Il garda sa tête dans le même axe, regardant, droit devant lui, le quadrillage rouge sur lequel reposait une natte à la pointe jaunie.

— Est-ce un chien qui t'a mordu ? Des égratignures faites en grimpant aux arbres ? Pauvre petit…

Emu, Noiraud releva la tête, les yeux sur le menton rondelet de la jeune fille. Il renifla un coup.

— Chrysanthème, serais-tu à la recherche d'un fils à adopter ? s'écria une femme au visage potelé.

Les yeux de Noiraud tournoyaient, et le blanc de ceux-ci frétillait comme un papillon de nuit.

— Je m'appelle Chrysanthème, du village d'en bas, à dix lis[1] d'ici, si tu as envie de me parler, appelle-moi grande sœur Chrysanthème.

— Chrysanthème, serais-tu amoureuse par hasard ? Tu choisis ton « futur » ? Tu vas avoir besoin de beaucoup de patience avec lui, c'est qu'il faudra encore quelques années avant que ce petit canard monte sur son perchoir…

— Vieille poufiasse, quand tu ouvres la

1. Un li équivaut environ à 576 mètres.

bouche, c'est toujours pour cracher du purin ! lui rétorqua-t-elle.

La jeune fille entraîna Noiraud jusque devant le monticule de pierres, en dégagea une bien plate et la posa en disant :

— Assieds-toi là, près de moi, et casse à ton rythme.

Elle se trouva aussi une pierre lisse et s'installa près du garçon. L'étendue de sable devant le barrage résonna bientôt du bruit sec des pierres frappées. Noiraud était le centre des conversations des femmes qui discouraient sur la condition humaine et les causes diverses des malheurs qui lui incombent. Cette « philosophie de bonnes femmes », vérités entremêlées de fadaises, ne retenait pas l'attention de Chrysanthème occupée à observer l'enfant. Noiraud répondait à l'affection de la jeune fille par de rares clignements de ses grands yeux, mais rapidement, il tomba dans une hypnose totale. Se demandant ce qu'il fixait ainsi les yeux écarquillés, la jeune fille se mit à l'observer avec une certaine inquiétude : sa main gauche tâtait le caillou pendant que la droite soulevait le marteau. A chaque levée de l'outil, il paraissait harassé de fatigue, et, au moment où le marteau retombait, c'était comme s'il perdait le contrôle d'un objet lourd lancé avec force. A plusieurs reprises, la jeune fille voulut crier garde, mais finalement tout se passait bien. Le marteau dessinait une trajectoire sinueuse et retombait toujours sur la pierre.

Noiraud avait les yeux fixés sur la pierre. Soudain, un bruit étrange, tantôt proche tantôt lointain, monta de la rivière, comme si les causeries des poissons, sonorités subtiles, parvenaient jusqu'à lui. Il se battit avec acharnement, mettant autant d'énergie à voir qu'à entendre, et finit par percevoir la vapeur brillante sous laquelle ce bruit étrange trouvait refuge. Il lui suffisait de regarder ce corps gazeux pour que ces belles sonorités s'enfuient. Son visage se teinta de rouge, et un sourire émouvant naquit à la commissure des lèvres. Il avait bel et bien oublié où il était et ce qu'il était en train de faire, pensant que ce mouvement répétitif du bras lui était totalement étranger. Puis, il sentit son index droit se paralyser et son bras se contracter. Une syllabe lui échappa qui tenait de la lamentation et du soupir. Baissant la tête, il vit que son ongle avait éclaté en plusieurs morceaux. Puis quelques traînées de sang apparurent dans les brèches de la corne abîmée.

— Noiraud, tu t'es tapé dessus ?

D'un bond, la jeune fille se leva et se retrouva près de l'enfant.

— Bonne mère, tu t'es bien arrangé ! Voilà ce que c'est que d'avoir l'esprit ailleurs !

La jeune fille faisait la morale à Noiraud. Il saisit une poignée de terre et l'appliqua sur son doigt abîmé.

— Noiraud, tu délires ? Cette terre est pleine de saletés !

La jeune fille entraîna Noiraud dont les pieds sillonnaient le sable reluisant. Elle s'accroupit au bord de la rivière, lui saisit la main et la plongea dans l'eau. Un tout petit filet trouble se forma alors au bout des doigts de l'enfant. Une fois la terre jaune rincée, de fines traces de sang apparurent, comme si on remuait un fil rouge dans l'eau. L'ongle de l'enfant ressemblait à un morceau de jade brisé.

— Ça te fait mal ?

Il ne répondit pas. Ses yeux étaient de nouveau rivés sur les écrevisses au corps diaphane et aux longues moustaches, qui se mouvaient gracieusement au fond de la rivière.

La jeune fille sortit un mouchoir brodé de roses des Indes, dans lequel elle enveloppa le doigt de Noiraud. Puis l'entraînant de nouveau vers le tas de pierres, elle lui dit :

— Ça ira comme ça, assieds-toi là et fais ce que tu veux, on ne te dira rien, petit étourdi !

Les femmes avaient immobilisé leurs marteaux et se tournaient vers lui la pitié dans le regard. Un instant, le calme régna autour du tas de pierres. Les nuages cotonneux filaient par troupeaux entiers dans le ciel bleu, projetant leurs masses sombres et éphémères, masquant par intermittence les grèves blanches et le courant ininterrompu. Les femmes avaient une expression des plus mornes. La résignation des lendemains de grands malheurs s'affichait sur leur visage. Elles ne sortirent de leur torpeur qu'après un long moment et recommencèrent à frapper la pierre. Le bruit monotone des marteaux attestait leur humeur fataliste.

Noiraud était assis, silencieux, il observait avec une extrême concentration les fleurs rouges du mouchoir. Une autre fleur était apparue près d'elles… C'était le sang qui s'échappait de l'ongle. Les femmes oublièrent bien vite l'enfant et reprirent leurs joyeux bavardages. Noiraud porta sa main blessée à sa bouche, défit le nœud du mouchoir avec ses dents, puis saisit une poignée de terre de sa main droite et l'appliqua sur le doigt abîmé. La jeune fille s'apprêtait à intervenir quand elle s'aperçut qu'il refaisait déjà le nœud du mouchoir. Elle poussa un long soupir, leva son marteau et cogna lourdement sur un caillou brun. Le caillou était résistant et ses angles coupants, lorsque la pointe du marteau rencontra l'arête de la pierre, il se produisit quelques grosses étincelles visibles en plein jour.

A midi, l'adjoint-chef Liu traversa le village de Noiraud et de Shijiang sur son vélo noir. Il siffla l'heure de la pause depuis le barrage et annonça que la cantine était ouverte. Les ouvriers habitant à plus de cinq lis pouvaient donc s'y rendre. Tout le monde rangea ses outils à la hâte. La jeune fille se leva et l'enfant fit de même.

— Noiraud, il y a combien de lis d'ici jusque chez toi ?

Il ne répondit pas, tournait la tête dans tous les sens comme s'il cherchait quelque chose. La jeune fille se mit à bouger la tête en même temps que Noiraud ; quand celui-ci se fixait dans une direction, elle s'immobilisait aussi. Alors qu'elle regardait devant elle, ses yeux rencontrèrent le regard vif de Shijiang. L'échange dura quelques dizaines de secondes.

— Noiraud, partons, rentrons manger chez nous ! Ne fais pas l'étonné, cela ne sert à rien d'écarquiller les yeux, notre village est à moins de deux lis d'ici, la cantine n'est pas pour nous, dit Shijiang.

— Vous êtes du même village ? questionna la jeune fille.

Bégayant d'émotion, Shijiang pointa son doigt au loin et confirma être de ce village tout comme Noiraud. Passé le pont, ils étaient chez eux. Chrysanthème et Shijiang échangèrent des propos tout à fait banals avec, cependant, beaucoup d'ardeur. Shijiang savait que la jeune fille habitait le village du bas, donc qu'elle pouvait prendre ses repas à la cantine et dormir sous les voûtes. Chrysanthème était d'accord pour manger à la cantine, mais elle refusait de dormir sous les voûtes. En automne, le vent était fort et les arches fraîches. Elle demanda discrètement si Noiraud n'était pas muet. Shijiang répondit que pas du tout, que cet enfant était au contraire extrêmement précoce. A quatre ou cinq ans, ses paroles étaient une véritable cascade de pois dans un bambou creux – gada-gada-gada-gada – mais par la suite, elles s'étaient faites de plus en plus rares. Il avait de plus en plus souvent l'air absent des statues de marbre sans que personne ne sache ce qui le préoccupait. Ses yeux impénétrables étaient d'un noir obscur. La jeune fille affirma pressentir une certaine intelligence chez l'enfant et reconnut avoir pour lui une sympathie inexplicable, comme s'il s'agissait de son propre frère. Shijiang, lui, dit qu'elle avait le cœur sur la main.

Sans s'en apercevoir, Shijiang, la jeune fille et Noiraud se retrouvèrent les derniers. Lui parlait avec beaucoup d'emportement, regrettant de ne pouvoir faire un pas en avant et deux en arrière. Noiraud suivait, levant les jambes bien haut et reposant les pieds avec la légèreté d'un chaton qui rase les murs. Ils passèrent sur le pont aux neuf arches. Liu Taiyang, qui s'était attardé le long des sophoras à fruits pourpres, les rattrapa à bicyclette dans un fracas métallique. Comme le pont était étroit, il fut obligé de descendre de sa monture.

— Vous traînez encore par ici ? P'tit singe noir, as-tu fait du bon boulot ce matin ? Oh, qu'est-ce que tu as à la main ?

— Il s'est blessé avec le marteau.

— Merde ! Shijiang, va trouver ton chef d'équipe dès aujourd'hui, qu'il m'envoie au plus vite quelqu'un à sa place, je ne veux être responsable de la mort de personne !

— C'est un accidenté du travail, vous le renverriez sans aucune pitié ? dit la jeune fille avec assurance.

— Adjoint-chef Liu, cela fait des lustres que l'on se connaît, alors dis, cet enfant serait-il de trop sur un aussi grand chantier ? Que veux-tu qu'il aille faire au sein de l'équipe de production avec une main éclopée ? demanda Shijiang.

— Enfoiré de p'tit maigrichon, grommela Liu Taiyang l'air renfrogné, je l'affecte à un autre travail, il actionnera la forge. Qu'est-ce que tu en dis ? Tu sauras faire ?

L'enfant regarda Shijiang d'un air suppliant, puis se tourna vers la jeune fille.

— Bien sûr qu'il saura, n'est-ce pas Noiraud ? fit Shijiang.

Se précipitant sur lui, la jeune fille l'encouragea à acquiescer d'un signe de tête.

II

Noiraud avait actionné la forge pendant cinq jours, son corps noirci par le travail brillait comme une boulette de charbon de qualité supérieure. Seul le blanc de ses yeux et ses dents avaient conservé leur couleur originelle, restituant un regard des plus charmeurs. Lorsqu'il vous regardait, les lèvres crispées par l'effort, mille pointes de feu vous transperçaient le cœur. Les ailes de ses narines étaient remplies de poussière de charbon, et ses cheveux, qui se montraient tout juste au monde, étaient couverts de la poudre noire. Sur le chantier, tout le monde était tombé d'accord ; le seul nom qui lui convenait était celui de Noiraud. Il ignorait les gens et évitait les face-à-face avec eux.

Seuls Chrysanthème et Shijiang pouvaient espérer un clignement d'yeux en guise de réponse à leurs questions. La veille à midi, alors que les ouvriers étaient partis déjeuner, le nouveau seau utilisé par le forgeron pour la trempe du métal ainsi que son petit marteau disparurent. Liu Taiyang posté sur le barrage hurla de rage avant d'affecter Noiraud à une nouvelle tâche. Il fut décidé que l'enfant resterait tous les midis sur le chantier pour garder les outils des ouvriers partis manger. Le forgeron lui apporterait son repas de la cantine.

— Voilà un repas qui ne te coûtera pas cher ! souligna l'adjoint-chef.

Ils étaient tous partis. Après une matinée mouvementée, le calme était revenu sur le chantier. Noiraud sortit de son antre et déambula sur le sable, les mains en appui sur le rebond de ses fesses. Les sourcils froncés sur son front donnaient naissance à trois rides bien dessinées. Il faisait les cent pas, comptait et recomptait le nombre d'arches tout en crachotant des petites bulles de salive. Il s'arrêta devant le septième pilier et, le prenant à bras le corps, commença à grimper par à-coups. A mi-parcours, il lâcha prise et se retrouva par terre, le ventre tout éraflé. Le sang perlait sur sa peau. Il ramassa une poignée de terre et l'appliqua sur ses égratignures, puis, s'éloignant de la paroi, mit sa main en casquette pour distinguer plus nettement la fissure entre le haut du pilier et le tablier du pont… il était rassuré.

Noiraud regagna sans tarder le chantier des femmes. La pierre qui lui servait d'habitude de siège n'était plus là ; par contre, il reconnut sans peine la place de Chrysanthème et y trouva son outil. Il s'installa et commença à se trémousser dans tous les sens jusqu'à ce que son regard soit parfaitement ajusté sur la brèche du septième pilier. Il se stabilisa alors, les yeux fixés sur la fissure, et regarda la chose…

L'autre jour à midi, il s'était empressé d'aller au pied du barrage et s'était accroupi sous la première voûte à l'ouest, là aucun objet ne pouvait échapper à son regard : le fourneau ardent, la tenaille, la masse, le marteau et la pelle, mais aussi chaque morceau de charbon et de mâchefer. Peu avant la fin de la pause, alors qu'il actionnait le soufflet, il saisit une pelle et aéra le foyer. Une fumée épaisse se dégagea alors, et les cendres l'aveuglèrent. Noiraud se frotta énergiquement les yeux dont le pourtour devint tout rouge. Actionner le soufflet d'une main était difficile, d'autant plus qu'une bonne quantité de plumes de poulet venait d'y être rajoutée. Dans sa manœuvre, il s'était cogné légèrement l'index et se souvint de son doigt blessé enveloppé dans le mouchoir. Bien que la blancheur de celui-ci laissât déjà à désirer, la couleur des fleurs n'avait pas terni. Après un moment de réflexion, il était sorti de l'antre, avait inspecté les alentours et s'était avancé devant le septième pilier. Après avoir détaché son mouchoir, il se l'était mis dans la bouche et avait fait la pénible ascension du pilier pour aller glisser le carré de tissu dans la brèche…

Trois nouveaux coups de soufflet ne suffirent pas à ranimer le feu. Des gouttelettes de sueur perlaient sur le front de Noiraud. Un bruit de pas lui parvint de l'extérieur. Apeuré, il recula contre le mur de pierre glacé. Il aperçut alors un jeune homme, court sur pattes, rentrer sous la voûte. Son allure semblait signifier ô combien ! la voûte était basse et ô combien ! il était grand. Les lèvres de Noiraud se crispèrent. Le jeune nabot regarda le feu éteint, le soufflet à moitié tiré, puis l'enfant collé contre le mur :

— Nigaud ! Qu'est-ce que tu fabriques ? Un feu éteint, un soufflet de travers, tu mérites des claques, petit vaurien ! dit-il en injuriant Noiraud.

Noiraud entendit l'air siffler au-dessus de lui et sentit une paume de main carrée lui souffler le cuir chevelu. S'ensuivit un son éclaté comme si on avait fracassé une grenouille contre le sol.

— Va donc briser des cailloux, petite fripouille ! hurla l'inconnu.

Noiraud réalisa alors qu'il s'agissait du jeune forgeron. Celui-ci avait un visage couvert de boutons et un nez plat tout en sueur comme celui des veaux. L'enfant observa l'efficacité avec laquelle il remettait de l'ordre dans le fourneau. Il le regarda y introduire une poignée de paille qu'il avait ramassée dans un coin de l'antre, allumer le feu puis activer délicatement le soufflet. La paille se mit à dégager une légère fumée blanche, et des flammes apparurent bientôt. Le forgeron saisit une pelletée de charbon humide qu'il dispersa en fine couche sur le brasier sans interrompre le mouvement du soufflet. Il éparpilla une nouvelle couche de charbon, puis encore une autre… Une fumée jaunâtre dégageant une odeur irritante s'échappa du fourneau. Le forgeron attisa alors le feu de sa pelle métallique laissant les flammes rougeoyantes déployer leur vigueur ; le charbon avait pris. Tout excité, Noiraud poussa un « oh ! » d'admiration.

— Veux-tu bien foutre le camp d'ici, chenapan !

Un vieil homme grand et maigre pénétra sans se presser sous la voûte et demanda au jeune homme :

— Tu avais éteint le feu tout à l'heure, pourquoi le rallumer ?

Il y avait une certaine lourdeur dans son élocution, comme si sa voix étouffée s'extirpait du diaphragme.

— C'est l'œuvre de ce petit vaurien ! dit le jeune homme en désignant Noiraud de sa pelle à charbon.

— Laisse-le faire ! rétorqua le vieux.

Il s'attacha un morceau de toile cirée jaune autour de la taille et deux autres aux pieds. Le tissu était criblé de petits trous dus aux éclats du feu. Noiraud comprit qu'il s'agissait du maître forgeron.

— Occupe-toi de la masse et laisse-le activer la forge, ça te facilitera la tâche.

— Laisser ce poids plume actionner le soufflet ! Regarde un peu comme il est maigre, à rester près du feu il va se transformer en bois de chauffe ! grommela le jeune forgeron.

Liu Taiyang fit irruption.

— Que se passe-t-il ? Ce n'est pas ce que tu voulais ? Une aide pour le soufflet ? demanda-t-il en faisant les gros yeux.

— Oui, mais pas lui ! Chef Liu, regardez comme il est maigre, il ne pourrait même pas tenir cette foutue pelle. Ce n'est pas la peine de faire du zèle en augmentant le nombre d'ouvriers s'ils sont improductifs !

— Je sais bien à quoi tu penses au fond de toi. Tu voudrais qu'une de ces gamines vienne te seconder, hein ? Choisir la plus jolie, celle au fichu pourpre par exemple. Mon beau salop ! Noiraud, occupe-toi du soufflet.

Puis, s'adressant de nouveau violemment au jeune forgeron :

— Toi, je te conseille de bien lui apprendre son métier !

Noiraud alla peureusement se planter près du fourneau, les yeux pleins d'espoir, encore rivés sur le vieux maître. Celui-ci avait une peau couleur de blé brûlé et un bout de nez qui ressemblait fortement à une azerole bien mûre. Il s'approcha et expliqua à Noiraud quelques notions de base concernant le feu. Les oreilles de Noiraud tressaillaient, captant toutes les paroles du vieux maître.

Noiraud suait à grosses gouttes, et ses mouvements étaient maladroits et désordonnés. Il avait la peau meurtrie par les attaques incisives des flammes. Le maître forgeron, le visage immuable, ne lui adressait jamais un regard. Noiraud se mordillait la lèvre inférieure et essuyait sans cesse de son avant-bras tout noir la sueur qui lui coulait dans les yeux. Sa poitrine saillante se gonflait et se dégonflait. Un souffle rivalisant avec celui de la forge s'échappait de sa bouche et de ses narines.

Le tailleur de pierre apporta un poinçon émoussé pour qu'on lui redonne forme. Voyant Noiraud dans cet état, il demanda :

— Tu tiendras le coup ? Sinon dis-le et tu retourneras briser des cailloux.

Noiraud ne redressa même pas la tête.

— Petit obstiné !

Le tailleur de pierre s'en alla après s'être débarrassé de son outil. Il revint quelques instants plus tard accompagné de Chrysanthème. Elle avait noué son fichu autour de son cou, ce qui lui donnait un visage plus harmonieux.

Sous la voûte, le jeune forgeron venait d'être surpris par un éclat lumineux. Il avala vivement sa salive et humidifia ses lèvres d'un coup de langue. Ses yeux n'étaient pas plus petits que ceux de Noiraud, mais sa pupille droite était recouverte d'un leucome couleur œuf de canard. Une longue utilisation exclusive de son œil gauche lui faisait pencher la tête à droite. La tête couchée sur son épaule, son œil gauche foudroya le visage carmin de la jeune fille. Sa masse de dix-huit livres était posée à la verticale entre ses jambes. Il s'appuyait dessus comme sur une canne.

Le fourneau s'embrasa. Des étoiles de feu, charriées par une épaisse fumée noire vers le haut du pont, retombèrent agressivement sur le sol. Le visage enfoui sous la fumée et la poitrine sifflante, l'enfant se mit à tousser. Le vieux forgeron jeta un regard froid à Noiraud, puis tira sa pipe d'une blague à tabac en cuir patiné et la bourra lentement avant de se pencher sur le fourneau pour l'allumer.

Deux colonnes de fumée blanche traversèrent l'atmosphère noircie de l'atelier, titillant au passage les poils noirs des narines du forgeron. Le vieux forgeron devina au travers de cette poussière de suie le tailleur de pierre et Chrysanthème qui se tenaient à l'entrée de la voûte, une certaine indifférence s'afficha sur son visage. Il dit alors à Noiraud :

— Ne mets pas tant de charbon… éparpille-le mieux !

L'enfant actionnait énergiquement le soufflet. Son corps maigrichon se balançait dans un mouvement régulier. La lueur du feu éclairait sa poitrine trempée par la sueur et ses côtes saillantes. Sur son côté gauche, comme une pauvre souris coincée entre deux côtes, battait son petit cœur.

— Va bien à fond dans tes mouvements, ne te précipite pas ! dit le vieux maître.

Chrysanthème aperçut du sang noir couler de la lèvre inférieure de Noiraud et ses yeux se remplirent subitement de larmes.

— Noiraud, viens, on ne travaille plus pour eux. On retourne casser des pierres ! cria-t-elle.

Elle s'approcha de la forge et saisit les bras secs comme des brindilles de l'enfant.

Noiraud se débattit furieusement et se mit à grogner comme un chiot qui s'apprête à mordre. Comme il était léger, la jeune fille l'avait attrapé par les coudes et le transportait hors de l'antre. Les pieds bringuebalants du petit traînaient sur le sol entrechoquant les cailloux sur leur passage.

— Noiraud, ça suffit ! Regarde-toi : fumé et flambé ! Tu es beaucoup trop maigre pour tenir le coup. Quand tu auras usé toute ta sueur, il ne restera de toi qu'un grillé de riz ! Viens, tu seras bien plus tranquille à briser des cailloux avec ta grande sœur.

Tout en parlant, elle l'avait remis sur les pieds et le traînait par la main vers le tas de pierres. Elle avait de gros bras musclés et de grandes mains souples qui contrastaient avec les petites pattes d'agneau de Noiraud. Sans cesse déséquilibré, il labourait de ses talons le sol caillouteux.

— Bêta, arrête de faire l'idiot et suis-moi sans faire d'histoire !

Chrysanthème s'arrêta et se retourna vers l'enfant. Resserrant son étreinte autour du poignet de Noiraud, elle lui dit :

— Regarde un peu tes petites pattes, si je forçais rien qu'un peu, elles s'effriteraient dans mes mains. Comment peux-tu imaginer faire ce travail ?

Noiraud la fixa méchamment du regard, baissant soudain la tête, il mordit sauvagement son poignet grassouillet, « aïe ! », elle lâcha prise et l'enfant repartit en courant vers la forge.

Les dents de Noiraud étaient extrêmement tranchantes et le poignet de la jeune fille portait les traces profondes de la morsure. Ses canines – de véritables crocs – avaient poinçonné la chair de deux petits trous sanglants. Le tailleur de pierre la rejoignit anxieux et sortit un mouchoir tout fripé pour lui panser le bras. Chrysanthème le repoussa sans même le regarder et se pencha pour ramasser une poignée de terre qu'elle appliqua sur sa blessure.

— C'est plein de microbes ! s'écria Shijiang sidéré.

La jeune fille retourna au tas de pierres et retrouva sa place. Perdue dans ses pensées, elle contemplait la surface de la rivière secouée par les vaguelettes et en oubliait de briser ses cailloux.

— Regardez ! Une de plus que la débilité aura frappée !

— Noiraud a des pouvoirs obscurs, j'en suis sûre !

Les femmes jasaient à voix basse.

— Noiraud, viens un peu par ici, jeune cabot ! Est-ce qu'on mord les gens sans même savoir s'ils vous veulent du bien ou du mal ? vociféra Shijiang en se dirigeant vers l'atelier du forgeron.

Une trombe d'eau sale et tiède lui arriva en pleine figure. Il se trouvait en plein dans le champ de tir, un beau tir bien ajusté depuis la forge ; un demi-seau d'eau et pas une goutte laissée au hasard. Ses cheveux clairs et souples, son bleu de travail et son polo rouge vif étaient maintenant couverts de limaille de fer et de suie, l'eau dégoulinait sur son corps. Furibond, il se précipita sous la voûte :

— Enfoirés ! Qui a fait ça ? Allez, dites !

Personne ne lui prêtait attention. Le brouillard s'était dissipé et le feu redoublait de vigueur. En silhouette pourpre, on voyait le maître forgeron avec sa grande pince retirer des flammes un poinçon d'acier blanchi. Des étincelles éblouissantes jaillirent de la pointe. Le vieux maître posa le poinçon sur l'enclume et en martela les bords. Un son clinquant lui parvint en retour. La pince dans la main gauche, il culbutait le poinçon à volonté. A droite, le petit marteau frappait d'un rythme soutenu l'outil en acier. Là où le petit marteau frappait, le forgeron borgne laissait tomber sa masse de dix-huit livres. La cadence que donnait le vieux était celle à laquelle une poule picore, mais le jeune manœuvrait toujours dans le temps. Un courant chaud et homogène naissait au fond de l'antre. Au milieu de tous ces bruits à vous donner des frissons, le poinçon laissait échapper des étoiles qui faisaient fondre les tissus cirés, protection des forgerons. Un éclat vola sur la peau nue de Noiraud. Ses lèvres crispées s'entrouvrirent sur une rangée de petites dents de loup bien blanches. Quelques cloques apparurent sur son ventre au contact du métal en fusion, et pourtant, il ne manifesta aucune douleur. De mystérieuses petites flammes tressaillirent dans ses yeux éperdus. Le cou rentré au maximum entre ses épaules décharnées, les bras repliés, il donnait une telle pression sur le bas de son visage que son nez en était tout plissé.

Le poinçon avait retrouvé sa pointe après être passé du rouge écarlate à l'argenté. De la limaille grisâtre se répandit en fine couche sur le sol. Un brin d'herbe, enflammé par des déchets encore incandescents, se consumait en une douce fumée blanche.

— Quel est l'enfoiré qui m'a aspergé ? beugla Shijiang à l'adresse du jeune forgeron.

— C'est moi, et alors ! répondit celui-ci le corps rutilant, les mains en appui sur la masse et la tête inclinée gracieusement.

— T'es aveugle, ma parole !

— Aveugle d'un œil, oui ! C'est de la malchance si tu t'es fait arroser en passant par là !

— Vas-tu parler un peu plus raisonnablement ?

— Par les temps qui courent, c'est à la taille du poing que l'on mesure la raison ! dit le jeune forgeron en levant le sien et en gonflant ses biceps.

— Viens un peu ici, Dragon-borgne, que je t'arrange ton autre œil !

Comme par hasard, au moment où Shijiang s'avançait furieux, le vieux forgeron fit un pas en avant et le bouscula. Shijiang eut soudain l'impression qu'une substance pleine de suggestion se dégageait des orbites caverneux du vieil homme. Ses muscles se relâchèrent sur-le-champ. Le maître forgeron redressa légèrement la tête et se mit à fredonner un air étrange, sorte d'extrait d'opéra ou de chanson populaire.

Elégant, étincelant, je t'admire vaillant guerrier.
Par monts et par vaux je t'ai suivi.
Après avoir épuisé mille et une souffrances,
Rassasiés par le vent,
Nous dormions à la belle étoile.

Le vieil homme chanta un couplet et s'arrêta net, la voix troublée. Il refoulait visiblement la chute de son texte au fin fond de lui-même. Il regarda de nouveau Shijiang, baissa la tête et alla tremper le poinçon auquel on venait de redonner forme. Il avait relevé sa manche droite et plongea sa main dans le seau pour tâter la température de l'eau. Son avant-bras était marqué d'une cicatrice violette, ronde et boursouflée au centre. Bien qu'elle n'eût pas grand-chose d'un œil, Shijiang avait le sentiment étrange qu'elle le fixait du regard. Une grimace se dessina sur son visage alors qu'il sortait de l'antre, à demi hébété, comme frappé par le mauvais sort. On ne le revit pas de tout l'après-midi.

L'enfant avait les yeux fatigués et le cuir

chevelu chauffé par le soleil. Il quitta la place de la jeune fille et retourna lentement à la forge. L'antre était sombre. Il s'assit à tâtons sur le tréteau du vieux forgeron, la tête vide de toute pensée. Soudain, il sentit une brûlure aux paumes. Il posa alors ses mains sur le mur glacial et s'empressa de se concentrer sur les événements passés.

Il y avait trois jours de cela, le vieil homme était retourné chez lui chercher sa couche et son vêtement matelassé. Il disait qu'à son âge, il fallait prendre soin de ses jambes et que le mieux était ne pas rentrer tous les soirs chez soi. Une paillasse près du fourneau le préserverait du froid. (Noiraud leva les yeux pour regarder la couche du vieux. La face nord de l'antre avait été bouchée par des planches, mais le jour passait à travers les fentes, éclairant de biais la veste couverte de taches de graisse et le tapis de sol en poils de chien râpé du vieux forgeron.) Pendant l'absence du vieil homme, le jeune forgeron était passé maître. L'autre matin, il était arrivé dans l'antre, la poitrine gonflée, le ventre sorti, et avait ordonné d'un ton guilleret :

— Noiraud, allume le feu ! Le vieux est reparti chez lui, à nous de jouer maintenant.

Noiraud le toisa du regard.

— Qu'est-ce qui te prend de me regarder comme ça ? P'tit lapereau ! On méprise son aîné ? Ça fait trois ans bien frappés que je marne avec le vieux, je connais ses tours par cœur, dit le jeune forgeron.

Noiraud alluma le feu sans entrain. Son jeune maître fredonnait un air quelconque. Il prit les poinçons qui n'avaient pas été travaillés la veille et les planta dans le charbon incandescent. Noiraud activa le feu, son visage noir se para de reflets rouges. Le jeune forgeron se mit soudain à rire.

— Noiraud, tu pourrais jouer au vieux combattant de l'armée rouge avec toutes tes cicatrices !

L'enfant actionnait le soufflet énergiquement.

— Ça fait quelques jours que tu n'as pas eu la visite de ta grande sœur ! Vu comme tu l'as mordue, elle doit être en colère, chenapan. Quel goût avait son bras ? Aigre ou sucré ? Tu sais choisir les bons morceaux, enfoiré ! Si ce jeune bras à la chair tendre et à la peau blanche m'était tombé entre les mains, je l'aurai dévoré à pleines dents, comme un concombre !

Noiraud prit la grande pince, saisit un poinçon rougi et le jeta sur l'enclume.

— Hé ! t'es un rapide, fiston !

Le forgeron s'était emparé d'une massette de taille moyenne. Une main était occupée avec la pince pendant que l'autre balançait la massette avec acharnement. Noiraud l'observait, hagard. Le forgeron semblait emporté par le diable, manipulant l'outil de toutes ses forces. Les poinçons avaient des pointes nettes, comme des mines de crayons bien taillés. Noiraud se mit à contempler avec mélancolie le petit marteau d'appel du vieux forgeron. Une fois terminé, le jeune maître prit le poinçon avec la pince et le trempa dans le seau d'eau. Ses mouvements étaient en tous points identiques à ceux du vieil homme. Noiraud lui tourna le dos et alla une fois de plus examiner le petit marteau posé sur l'enclume. Le manche de bois était lisse et brillait comme les cornes d'une vieille vache.

Le jeune forgeron, qui faisait preuve d'un grand professionnalisme, répara en peu de temps une dizaine de poinçons d'acier. Content de lui, il s'assit sur le tréteau du vieux maître et se roula une cigarette. La portant à ses lèvres, il ordonna à Noiraud de prendre un morceau de charbon incandescent avec la pince et de lui tendre pour qu'il puisse l'allumer.

— Fiston, t'as vu, quand le vieux débris n'est pas là, on se débrouille pas mal !

Le jeune forgeron était très fier. Les tailleurs de pierre qui étaient venus récupérer leurs outils peu de temps auparavant revenaient de nouveau.

— Forgeron, qu'est-ce que c'est que ce travail ? Ou ça casse ou ça se tord ! On s'en sert pour déliter la pierre pas pour presser de la pâte de soja ! Quand on n'est pas sûr de soi, on s'abstient. Attends donc que ton maître soit revenu et arrête de t'exercer sur nos outils !

Les tailleurs de pierre s'en allèrent après avoir jeté sur le sol la dizaine de poinçons abîmés. Le forgeron était blême. Furieux, il demanda à Noiraud de ranimer le feu pour chauffer les outils. Peu après, il avait de nouveau fini la forge et la trempe des poinçons. Cette fois, il les apporta lui-même sur le chantier. A peine était-il de retour à la forge que les tailleurs de pierre déboulaient de nouveau jetant les outils à terre en insultant notre homme de tous les noms.

— Fils de pute, arrête de jouer avec nous et regarde un peu ton travail, elles ont toutes pété tes pointes de merde !

Noiraud regarda le forgeron. Deux petits sillons tressaillaient à la commissure de ses lèvres. Etait-ce là un signe de tristesse ou de la joie ? Le forgeron jeta son attirail dans un vacarme assourdissant, puis s'agenouilla, rongé par la colère. Il faisait rouler son œil, la cigarette au bec, troublé et irascible. Les deux petits « têtards » qu'il avait pour sourcils remuaient à toute allure. Il se débarrassa de son mégot, puis se releva.

— Fichtre ! rien n'est impossible en ce monde ! Noiraud, remets-toi au boulot !

L'enfant actionna de nouveau le soufflet sans entrain. Ses mouvements étaient de plus en plus mollasses. Rappelé à l'ordre par son jeune maître, il redressa tout juste la tête. Quand l'acier fut une fois de plus prêt à être travaillé, le forgeron donna grossièrement quelques coups de massette et trempa précipitamment le métal. Cette fois, il avait changé de méthode. Au lieu de faire pénétrer petit à petit le poinçon dans l'eau, comme faisait le vieux, il l'immergea d'un coup. Le sifflement que cela provoqua fut accompagné d'une vapeur cotonneuse tourbillonnante. Il porta le poinçon à ses yeux, en observa les nervures puis la couleur. Il le jeta alors sur l'enclume et le frappa d'un léger coup de massette. L'acier se fendit en deux. Désespéré, il laissa choir sa massette à terre et envoya promener de toutes ses forces le morceau de poinçon qu'il tenait encore au bout de sa pince. L'outil tronqué gisait sur les cailloux à l'entrée de la voûte. Cela faisait mal au cœur !

— Va ramasser le poinçon ! ordonna le maître à son apprenti.

Noiraud était cloué au sol, seules ses oreilles tressaillirent. Soudain, un coup de savate atteignit son postérieur, et la pointe d'une tenaille lui rentra dans l'épaule. Suivit un véritable roulement de tonnerre :

— Dépêche-toi d'aller le chercher !

Noiraud, tête basse, s'avança vers le poinçon et se pencha lentement pour le ramasser. Sa main se mit à grésiller comme si elle enfermait une cigale. Une odeur de cochon brûlé lui monta aux narines, et le poinçon retomba lourdement.

Tout d'abord stupéfait, le jeune forgeron éclata de rire.

— Le mioche, j'ai oublié que le métal était encore chaud ! Te voilà avec un bon p'tit pied de porcelet grillé ! Tu n'as plus qu'à croquer dedans !

Noiraud revint sous la voûte sans adresser le moindre regard à son jeune maître. Il trempa sa main brûlée dans le seau d'eau puis sortit sans se presser, se baissa et observa minutieusement le morceau de poinçon. Celui-ci était gris argenté, travaillé grossièrement et couvert de petits défauts. Sous l'outil, la terre humide sécrétait une vapeur blanche si légère que l'on pouvait douter de sa présence. Noiraud se pencha un peu plus, les fesses pointées vers le ciel. Le caleçon relevé dévoila deux cuissots, bien pâles comparés aux mollets. Une main sur les reins, il tenta une approche hésitante de l'outil. Des gouttes d'eau coulaient jusqu'au bout de ses doigts et glissaient en crépitant sur le poinçon. Les gouttelettes sautillaient et sifflaient sur le métal. Leur taille diminuait au fur et à mesure pour ne laisser qu'une trace d'eau circulaire qui s'élargissait puis se réduisait avant de disparaître complètement. Il sentit la chaleur du métal au bout de ses doigts, et cette sensation se répercuta au fond de son cœur.

— Qu'est-ce que tu fabriques là-bas, le dos courbé, le cul en l'air avec une mine de condamné sans espoir ? hurla le forgeron depuis son atelier.

Noiraud empoigna le poinçon et rentra lentement sous la voûte, tout tremblant, la main gauche crispée sur sa fesse. Le jeune forgeron vit une fumée jaune qui se dégageait de la main de l'enfant, un certain gâtisme dans le regard, il se mit à crier :

— Jette, jette vite ! Sa voix tourna soudain au miaulement. Jette vite, petit inconscient !

Noiraud s'accroupit devant lui et secoua sa main pour se débarrasser de l'outil qui roula jusqu'aux pieds du forgeron. Il resta dans cette position, accroupi, les yeux rivés sur son jeune maître.

Le forgeron s'était mis à trembler de tout son être.

— Ne me regarde pas, mouflet, ne me regarde pas…

Il tourna la tête.

Noiraud se leva et sortit… Il se souvenait qu'après être sorti de la forge, il avait regardé le ciel à l'ouest ; aucune traînée nuageuse ne marquait l'azur, seule une lune blanche et délicate que l'on pouvait prendre pour un tout petit nuage…

Il était fatigué de réfléchir, ses oreilles bourdonnaient. Il quitta son tréteau et alla s'allonger sur la couche du vieux forgeron. Il avait à peine posé la tête sur la veste molletonnée que ses paupières se fermaient déjà. Il sentit que quelqu'un lui caressait le visage puis les mains. Cela faisait mal, mais il ne disait rien. Deux grosses gouttes d'eau tombèrent, l'une entre ses lèvres, il l'avala et l'autre sur son bout de nez qui, le pauvre, en fut tout endolori.

— Noiraud, Noiraud, réveille-toi, on mange !

Le nez très ankylosé, il se redressa sans se presser et aperçut la jeune fille. Deux filets d'eau tentèrent de s'échapper de ses yeux, mais il les retint avec force, et le liquide lui coula finalement au fond de la gorge.

— C'est pour toi !

La jeune fille détacha son fichu rouge dans lequel se trouvaient deux *wowotou*[1]. L'un contenait un cornichon et dans l'autre était fiché une tige d'oignon. Un long cheveu à la

1. Petit pain de farine de maïs en forme de nid d'oiseau.

pointe jaunie collait au pain. La jeune fille le prit entre ses doigts et s'en débarrassa d'une pichenette. Noiraud nota que le cheveu fit beaucoup de bruit en tombant à terre.

— Mange, petit chiot ! fit-elle en caressant le cou de l'enfant.

Noiraud croqua l'oignon, le cornichon et les *wowotou*. Tout en mastiquant, il regardait la jeune fille.

— Comment t'es-tu brûlé la main ? Est-ce un mauvais tour de Dragon-borgne ? As-tu encore envie de me mordre ? Regarde ce qu'ont fait tes petites canines !

Les oreilles de l'enfant battaient comme un éventail, il serra les pains dans sa main gauche, l'oignon et le cornichon dans la droite, puis se cacha le visage.

III

Dans la nuit, un orage inattendu éclata. Au petit matin, en se rendant sur le chantier, les ouvriers trouvèrent les pierres complètement nettoyées par la pluie et le sable aplani par les grosses gouttes. Au pied du barrage, les eaux stagnantes avaient gonflé de plus de deux mains. Les quelques nuages qui traînaient dans le ciel se reflétaient à la surface de la nappe d'eau bleutée. Le temps s'était subitement rafraîchi. Un vent d'automne s'engouffrait sous la voûte en harmonie avec le bruissement de l'air dans le chanvre blond. Il donnait aux hommes l'impression que le froid venait de leurs entrailles. Le vieux forgeron portait sa cuirasse de molleton reluisante, elle n'avait plus aucun bouton et les deux pans croisés étaient maintenus à la taille par un bout de fil électrique rouge. Noiraud, vêtu d'un unique caleçon, allait toujours pieds et torse nus sans manifester le moindre signe d'inconfort. Il avait dû égarer ou cacher quelque part la bande de tissu qui tenait son caleçon, car il avait maintenant aussi un fil électrique rouge à la taille. Ses cheveux étaient tout fous ; longs déjà de quelques centimètres, ils se dressaient sur sa tête comme des piquants de hérisson. Les ouvriers regardaient d'un air compatissant et admiratif l'enfant qui traversait le chantier pieds nus sur les pierres mouillées par l'averse.

— Tu n'as pas froid ? demanda doucement le vieux maître.

Noiraud le regarda perplexe, l'air de ne pas comprendre.

— C'est à toi que je parle ! Est-ce que tu as froid ?

L'étonnement s'effaça de son visage, il baissa la tête et mit le feu en train. Tenant une pelle à charbon de la main droite et actionnant délicatement le soufflet de la gauche, Noiraud contemplait les brins de blé en train de se consumer. Le vieux forgeron ramassa sa veste toute graisseuse sur sa couche et la posa sur les épaules de Noiraud. Celui-ci se mit alors à gigoter dans tous les sens, manifestant une grande gêne. Dès que le vieux forgeron s'éloigna, il enleva la veste et la remit à sa place. Le vieux maître secoua la tête et s'accroupit pour fumer une cigarette.

— Noiraud ! Je comprends pourquoi tu ne t'éloignes jamais du feu, tu comptes sur lui pour te réchauffer ! Petit malicieux ! dit le jeune forgeron en bâillant longuement d'ennui.

L'adjoint-chef Liu siffla le rassemblement sur le chantier. Les ouvriers se réunirent devant le barrage. Les hommes croisaient les bras et les femmes confectionnaient des semelles de chaussures. L'esprit tourmenté, Noiraud épiait la brèche du septième pilier. L'adjoint-chef Liu disait que le temps allait se gâter et qu'il faudrait prévoir des heures supplémentaires pour être sûr de finir le ciment de base avant le gel. A partir d'aujourd'hui, on travaillerait le soir de sept heures à dix heures, chacun serait payé une demi-livre de céréales et deux *mao* de plus. Personne n'émit d'objection. Sur les deux cents visages présents, on pouvait voir deux cents expressions différentes. Noiraud vit la figure pâle de Shijiang virer au rouge puis au violet et le visage de la jeune fille passer du rose au gris-blanc.

Le soir même, trois lampes à gaz éclairaient le chantier. Trois faisceaux d'une lumière blanche éblouissante. L'un couvrait le terrain des tailleurs de pierre, un autre donnait sur l'emplacement des femmes. Celles-ci, ayant presque toutes un enfant et des tâches ménagères qui les attendaient à la maison, n'avaient pu accepter la livre de céréales et les trois *mao*. Seules une dizaine de jeunes femmes étaient regroupées sous la lumière. Elles habitaient loin et se serraient courageusement sous une voûte pour la nuit. On avait obstrué les deux côtés avec des planches, laissant une petite ouverture sur le devant par laquelle elles se faufilaient. Chrysanthème dormait parfois là, mais il lui arrivait aussi d'aller dormir au village voisin (une cousine éloignée avait besoin de sa compagnie, car son mari, journalier à la ville, ne rentrait pas tous les soirs). La troisième lampe se trouvait dans la forge, elle éclairait le vieux, le jeune et le tout petit. Tac, tac ! les outils des tailleurs de pierres résonnaient de partout. Les poinçons d'acier grignotaient petit à petit la pierre, provoquant parfois des étincelles rougeoyantes. Les hommes avaient conservé toute leur ardeur au travail. Shijiang avait quitté son blouson et ressemblait à une torche enflammée dans son polo rouge feu. De l'imagination débordante des jeunes femmes assises en cercle autour de la source de lumière résultaient de merveilleuses histoires. Rires aux éclats et messes basses se mêlaient ainsi au sons clairsemés des outils sur la pierre. Les quelques moments de répit au milieu de ce brouhaha étaient aussitôt comblés par le bruit de la rivière. Chrysanthème posa son marteau, se leva discrètement et s'en alla dans la direction du cours d'eau, plus elle s'éloignait plus son ombre s'étirait sur le sable.

— Ne te fais pas enlever par un célibataire en vadrouille ! lui cria une femme.

Elle sortit rapidement de la zone éclairée. La lumière se réduisit à quelques traits lumineux dont la pointe rouge et souple s'allongeait jusqu'à ses yeux pour s'y arrêter net. Elle se mit à remonter dans le sens de l'attraction de la lumière. Soudain, elle eut envie de voir ce que faisait Noiraud et, fuyant de nouveau, s'épanouit en un instant dans l'ombre du premier pilier.

Noiraud s'activait comme un petit feu follet. La lumière crue se reflétait sur son corps nu vernissé. Sa peau avait la texture d'une porcelaine couleur cuivre à l'aspect caoutchouteux – élastique et increvable. Noiraud avait quelque peu grossi, la peau n'adhérait plus à ses côtes. Rien d'étonnant, vu les bonnes choses que Chrysanthème lui rapportait de la cantine chaque midi. Il mangeait rarement chez lui et ne rentrait que le soir pour dormir. Parfois même il ne rentrait pas du tout. La jeune fille l'avait aperçu un matin sortant de sous une voûte, quelques brindilles plantées dans les cheveux. L'enfant actionnait le soufflet à deux mains. Son mouvement était souple, harmonieux et emphatique. On avait l'impression que c'était l'objet qui le manipulait. Son corps se balançait d'avant en arrière et sa tête faisait penser à une pastèque flottant sur les eaux paisibles de la rivière. Deux points lumineux montaient et descendaient dans ses yeux noirs comme deux lucioles dans un envol gracieux.

Le jeune forgeron se tenait dans sa position favorite, debout près des poinçons, les mains serrées sur la massette, la tête penchée et le regard concentré. Il avait l'air d'un jeune coq en pleine méditation.

Le vieux maître retira du four un grand poinçon incandescent. Noiraud en introduisit un autre, abîmé, à sa place. L'acier chauffé à blanc laissait transparaître un peu de vert. Le maître forgeron installa le grand poinçon sur l'enclume dont il tapota les bords avec le marteau d'appel. Le jeune forgeron s'empara avec paresse de la masse et la manipula comme s'il s'agissait d'une tige de chanvre. Elle atterrit délicatement sur l'enclume, éclaboussant d'étincelles colorées dont l'une alla percuter le mur et se sépara en mille éclats. Quelques-uns rencontrèrent le ventre légèrement bombé de Noiraud et rebondirent mollement, dégageant chaleur et sonorités diverses, traçant une jolie courbe avant de choir par terre. Le premier coup donné, le jeune forgeron se sentit ragaillardi, comme sorti brusquement d'un rêve, et ses mouvements s'accélérèrent. La jeune fille regardait l'ombre étrange danser sur le mur, dang, dang, dang ! Le bruit de l'acier frappé résonnait à ses oreilles. Le jeune forgeron avait déjà une excellente technique de mise en forme du métal, et le vieux maître se contentait de tapoter les bords de l'enclume avec son marteau d'appel. Dragon-borgne savait précisément où frapper le poinçon. Le vieux maître retourna l'outil. Ses yeux et sa conscience eurent à peine le temps de se porter sur un endroit précis que la masse du jeune homme tombait déjà. Il devançait presque son maître.

La jeune fille, bouche bée, les yeux comme des soucoupes, admirait la technique du jeune forgeron sans oublier de jeter quelques coups d'œil à Noiraud et au vieil homme. Alors que Dragon-borgne déployait tous ses talents, Noiraud était au plus bas de sa forme. Il avait les yeux fermés et respirait au rythme du soufflet. Quant au vieil homme, il paraissait affligé, comme si son disciple ne frappait pas sur le métal mais sur sa dignité.

L'outil une fois remis en forme, le vieux forgeron se retourna pour aller le tremper. Il jeta un regard profond sur son disciple et fit une moue d'un rien dédaigneuse. Le jeune forgeron était fasciné par les mouvements du maître. Chrysanthème regarda le vieil homme plonger la main dans le seau pour tester la température, vérifier l'outil et se courber comme une écrevisse. Il regarda l'eau et y trempa la pointe du poinçon. Il avait à peine effleuré la surface de l'eau que zi… zi… un ruban vaporeux s'en dégageait masquant bientôt son nez rouge.

Au bout d'un instant, il ramena l'outil devant ses yeux comme s'il allait faire passer un fil dans le chas d'une aiguille. La surface du poinçon était marquée de nombreux petits motifs exquis. Le vieil homme était aux anges, comblé de satisfaction par chacune des nervures. Il hocha la tête comme pour acquiescer à tant de beauté et noya le poinçon tout entier. Pschit… la vapeur se mit à monter, dessinant un petit nuage en forme de champignon. L'atmosphère vira au rouge carmin et tout se mit à vaciller dans une demi-obscurité. Quand la vapeur fut complètement dissipée, l'antre retrouva son calme originel : Noiraud, perdu dans ses pensées, actionnait le soufflet ; le jeune forgeron avait son allure de jeune coq plongé dans d'amères réflexions, et le vieil homme au visage en forme d'olive avait les yeux noyés dans le vernis et les bras couverts de cicatrices en forme de scarabées.

Le vieux forgeron se saisit de nouveau d'un poinçon chauffé et répéta les actions précédentes jusqu'au moment de la trempe où un changement intervint. Il tendit la main pour tâter l'eau, y ajouta un peu d'eau froide et parut satisfait. Alors qu'il s'apprêtait à tremper le poinçon, le jeune forgeron fit un bond jusqu'au seau, plongeant brutalement sa main droite dans l'eau. Sans réfléchir une seconde, le vieil homme piqua l'avant-bras droit du jeune homme. Une odeur détestable de caoutchouc brûlé s'envola et pénétra dans les narines de la jeune fille.

— Aïe ! cria le jeune forgeron qui se redressa aussitôt et se mit à ricaner méchamment au nez du vieil homme. Maître, après trois années !

Le vieux forgeron jeta l'outil dans le seau. L'eau s'anima d'un gros bouillon et la vapeur envahit de nouveau l'atelier. La jeune fille ne pouvait voir clairement les visages, elle n'entendit qu'une phrase prononcée au milieu de ce brouillard par le vieil homme :

— Souviens-t'en !

Chrysanthème partit en courant sans attendre que la vapeur se dissipe, la main fortement pressée sur sa bouche, elle sentait un goût amer et âpre lui retourner l'estomac. Elle retrouva sa place près du tas de pierres, et une de ses voisines lui dit avec insolence :

— Chrysanthème, tu en a mis du temps, te serais-tu faufilée au milieu du chanvre avec le jeune gars ?

Elle écouta sans broncher la femme se moquer d'elle prenant bien soin de se serrer la gorge avec deux doigts pour s'empêcher d'émettre le moindre son.

Le coup de sifflet de la pause retentit. La jeune fille avait passé trois heures perdue dans ses rêveries.

— Tu penses encore à ce mec ? Chrysanthème ! Viens donc, Chrysanthème !

Les femmes l'appelaient, mais elle restait assise à regarder les ombres alignées sous la lumière.

— Chrysanthème ! Shijiang se tenait debout derrière elle, l'air sévère. J'ai un message de ta cousine, elle voudrait que tu ailles lui tenir compagnie ce soir. Nous ferons la route ensemble.

— Partir ? A qui parles-tu ?

— Qu'est-ce qui t'arrive, tu as pris froid ?

— Qui a pris froid ?

— Toi !

— Ne t'occupe pas de moi.
— Alors, on y va ?
— Allons-y.

Elle s'arrêta sous le pont de pierre pour écouter le vacarme de l'eau. Shijiang était à un pas derrière. Elle se retourna et vit que la première voûte à l'ouest du barrage était encore éclairée, les deux autres lampes à gaz étaient éteintes. Elle prit alors la direction du barrage.

— Tu vas chercher Noiraud ?
— Lui faire une petite visite.
— Je viens, il ne faudrait pas que ce petit étourdi tombe du pont.

Chrysanthème sentait le jeune homme très proche. Elle percevait les battements de son cœur. Ils marchaient, marchaient. Elle pencha la tête et rencontra tout de suite l'épaule musclée de Shijiang. Alors qu'elle se ressaisissait, un bras robuste l'enlaça. Shijiang posa sa grande main sur le sein en forme de *wowotou* de la jeune fille et le palpa légèrement. Il sentait que sous le sein se débattait une colombe emprisonnée. Ils avançaient toujours dans la direction du barrage.

Avant de pénétrer dans la zone éclairée, elle retira la main du jeune homme posée sur son sein. Compréhensif, Shijiang la libéra de son étreinte.

— Noiraud ! appela-t-elle.

— Noiraud ! appela-t-il.

Le jeune forgeron avait observé les deux individus de son œil unique. Les muscles de sa joue frémissaient. Le vieux maître, assis sur sa couche, tenait sa pipe à deux mains comme une mitraillette. Il toisa rapidement Chrysanthème, rouge comme une tomate, et Shijiang, le teint pâle, puis dit d'un ton las et aimable :

— Asseyez-vous en attendant, il va arriver.

Noiraud gravissait la digue pas à pas un seau vide à la main. Après le travail, le jeune forgeron avait dit en s'étirant :

— Je crève de faim ! Noiraud, prends le seau et débrouille-toi pour nous déterrer quelques patates et quelques navets. On se fera un casse-croûte.

Les yeux pleins de sommeil, Noiraud avait regardé le vieux forgeron assis sur sa couche, les cheveux en bataille comme un coq de combat après la défaite.

— Qu'est-ce que tu regardes, fripouille, tu as entendu ce que je t'ai dit ? avait demandé Dragon-borgne, le cou crispé et le corps raide comme une baguette, avant de jeter à son tour un regard au vieil homme affalé sur sa peau de chien râpée. La brûlure de son avant-bras le faisait souffrir mais le contact savoureux avec une eau à la bonne température lui avait fait oublier l'autre sensation plus pénible.

Noiraud, après avoir ramassé le seau, était parti clopin-clopant. En sortant de l'antre, vloom ! il avait eu l'impression de disparaître au fond d'un puits. Ce fut le noir complet et des flashes de lumière naquirent dans ses yeux. Il s'agenouilla, transi de peur, et ferma les yeux un moment. Lorsqu'il les rouvrit, le ciel avait pâli et des étoiles l'éclairaient doucement, lui et cette terre grisâtre…

Les branches emmêlées des acacias bordaient la digue. Il les écarta d'une main et se fraya un passage avec les épaules. Il lissa les branchages humides alourdis par des chapelets de graines. L'odeur âpre et amère de l'acacia fondait sur son visage. Son pied rencontra soudain une substance molle et tiède d'où s'échappa un couinement. A peine s'était-il rendu compte qu'il s'agissait d'une petite caille que celle-ci s'envola frénétiquement pour retomber comme une pierre noire dans le chanvre au-delà de la digue. Poussant des soupirs de regret, il tâta de son pied le nid où la caille était lovée quelques secondes auparavant. C'était très sec, un amas de brindilles séchées renfermait encore la chaleur de l'oiseau. Debout sur la digue, Noiraud entendit Shijiang et la jeune fille l'appeler. Il frappa un coup sur son seau et les deux amis s'arrêtèrent de crier. A cet instant, il fut attiré par le bruit de l'eau argentée. Le cri tragique et perçant d'une chouette perchée sur dieu sait quel arbre du village retentit. Deux choses en ce monde avaient le don d'effrayer sa belle-mère : le tonnerre et le cri de la chouette. Noiraud aurait voulu que le tonnerre gronde tous les jours et que les chouettes hululent chaque nuit sur la fenêtre de sa belle-mère. Il avait le bras mouillé par la rosée qui recouvrait les branches d'acacia et s'essuya à son caleçon. Il traversa la route qui passait sur la digue et redescendit de l'autre côté. Ses yeux s'étaient habitués à l'obscurité, il voyait très nettement tout ce qui l'entourait et percevait même l'infime différence de couleur entre le marron de la terre et le violet des feuilles de patates douces. Noiraud s'accroupit dans le champ, écarta la terre autour des patates, en arracha quelques-unes et, klong-klong ! les jeta dans le seau. Peu après, il sentit quelque chose tomber de son doigt et claquer sur une feuille de patate. Il se palpa la main gauche et comprit que l'ongle abîmé venait de tomber. Le seau était déjà très lourd, Noiraud l'empoigna et se dirigea vers le nord. Dans le carré de radis, il déterra six radis, en arracha les feuilles qu'il abandonna sur le sol et acheva de remplir son seau…

— Qu'as-tu fait de Noiraud ? demanda Shijiang avec empressement au jeune forgeron.

— De quoi tu t'inquiètes ? Noiraud n'est pas ton fils que je sache.

— Où est-il ? s'étonna Chrysanthème qui interrogeait de son regard l'œil valide du forgeron.

— Pas de panique, il est parti ramasser quelques patates. Attends un peu, on s'en fera griller quelques-unes ! dit-il d'une voix chatoyante.

— Tu l'as envoyé chaparder ?

— Qu'est-ce que t'appelles chaparder ? Du moment qu'il ne les rapporte pas chez lui ce n'est pas du vol, affirma le forgeron.

— Pourquoi t'y vas pas toi-même ?

— Je suis son maître !

— Foutaise.

— Foutaise si tu veux… L'œil du jeune forgeron se raviva, il cria vers le dehors : Noiraud ! Où as-tu été pour chercher ces patates ? En Albanie, ma parole !

Noiraud fit son entrée d'un pas déséquilibré, tenant l'anse de son seau à deux mains, les épaules de guingois. Il avait le corps couvert de boue comme s'il s'était roulé dedans.

— Hé ! fiston, t'es pas croyable, on te dit d'aller déterrer quelques patates et tu reviens avec un seau plein ! récrimina le jeune forgeron de sa grosse voix. Va les laver au réservoir !

— Ça suffit ! Arrête de le commander ! dit la jeune fille. Active le feu pour les patates, moi je vais laver les radis.

Le jeune forgeron empila les patates autour du foyer et se mit à actionner le soufflet allègrement. Chrysanthème rapporta les radis et les déposa sur une pierre bien propre. Un petit radis roula à terre, se couvrant de limaille de fer et s'arrêta aux pieds de Shijiang qui se pencha pour le ramasser.

— Donne-le-moi, je retourne le nettoyer.

— Tant pis, on aura largement assez avec ces cinq gros-là, dit Shijiang en déposant le radis sur l'enclume.

Noiraud s'avança devant le soufflet et prit le manche des mains du forgeron. Celui-ci jeta un coup d'œil à la jeune fille et dit à Noiraud :

— Merde, on t'a dit de te reposer. Les mains te démangent à ne rien faire ? Prends-le si tu veux, mais je n'y suis pour rien ! Va doucement, le plus lentement possible autrement ça va cramer.

Shijiang et Chrysanthème étaient assis l'un à côté de l'autre contre le mur ouest de l'antre, le jeune forgeron était derrière Noiraud et le vieil homme sur sa couche. Sa pipe était terminée depuis longtemps, mais il la tenait toujours à deux mains, les coudes en appui sur ses genoux.

La nuit était déjà bien avancée, Noiraud actionnait avec précaution le soufflet qui propulsait de l'air dans un bâillement de nouveau-né. Le bruit de la rivière était de plus en plus distinct. L'imagination de Noiraud se plaisait à vagabonder parmi formes et couleurs ; cette rivière procurait du plaisir à l'ouïe comme à la vue. Sur la berge vacillaient les ombres grêles des petites bêtes en chasse. Leurs griffes acérées sillonnaient le sable fin. Elles produisaient un son qui avait la légèreté du duvet et qui parcourait la musique de la rivière comme un long fil argenté.

Un bruit de frottement s'échappa de l'étendue de chanvre au nord du barrage, les tiges se heurtèrent et se balancèrent avant de retrouver leur calme. Sur le chantier, il ne restait plus qu'une lampe qui soit allumée, tous les insectes qui avaient longuement folâtré dans le spectre des deux autres s'étaient, après un instant de confusion, regroupés près de la forge où ils frappaient bruyamment le verre de la lampe. Shijiang s'avança et, pschit, pschit ! tira sur la pompe à gaz. Un petit papillon de nuit s'engouffra subitement par la brèche du verre, et la mèche de gaze blanche tomba, plongeant l'antre dans l'obscurité totale. Il fallut attendre un moment avant de pouvoir distinguer les visages. Le soufflet de Noiraud transformait le feu en de longs rubans de soie rouge frissonnante. L'antre était envahi par le parfum des patates douces grillées à point. Le jeune forgeron les retournait une à une avec la pince. L'odeur était devenue très forte quand enfin ils prirent patates douces et radis à pleine main et commencèrent à manger. Les patates fumantes une fois débarrassées de leur peau, ils alternaient une bouchée chaude, une bouchée froide, avalant tout rond et dégustant parfois, chlam-chlam-pffu-pffu ! Les bouts de nez en étaient couverts de sueur. Le jeune forgeron mangea un radis et deux patates de plus que les autres. Le vieux maître assis là comme une statue de pierre ne toucha pas à la nourriture.

— Noiraud, on rentre ? demanda la jeune fille.

Noiraud se léchait le pourtour des lèvres pour enlever les quelques résidus de patates ; son petit ventre était bien rondelet.

— Ta belle-mère aura-t-elle laissé la porte ouverte ? s'enquérit Shijiang, ou est-ce que tu te glisses dans le nid de paille ?

Noiraud toussa un coup. Il envoya une pelure de patate dans le fourneau et tira sur le manche du soufflet, la peau s'enroula et dégagea en se consumant une odeur de caoutchouc brûlé.

— Qu'est-ce que tu fais brûler, petit vaurien ? continua le jeune forgeron, ne rentre pas chez toi, je t'adopte, tu seras non seulement mon fils, mais mon disciple, tu me suivras partout, je te promets bonne nourriture et vin de qualité…

Le forgeron s'arrêta soudain de parler. Un chant triste et impétueux emplissait l'atelier. Shijiang ressentit immédiatement un bien-être qui lui donna la chair de poule. L'autre jour, il avait entendu le tout début de ce qui devait être une chanson ou un extrait d'opéra.

Elégant, étincelant, je t'admire vaillant guerrier.
Par monts et par vaux je t'ai suivi.
Après avoir épuisé mille et une souffrances,
Rassasiés par le vent,
Nous dormions à la belle étoile.

Le vieil homme était adossé à la planche de bois qui bouchait l'ouverture. Le vent s'infiltrait par les fentes et lui effleurait le sommet du crâne. Quelques cheveux poivre et sel frémissaient en harmonie avec les flammes tressaillantes du fourneau. Une profonde émotion se lisait sur son visage, ses fins maxillaires se tortillaient comme des vers de terre et ses yeux ressemblaient à deux boulettes de charbon incandescent.

Trois années que tu as oubliées,
Volute d'amour, sentiments réduits en poussière,
Je t'ai tenu l'éventail les nuits d'été,
Chauffé les pieds les nuits d'hiver,
Présente en ton sein comme un fruit parfumé,
Présente en ton cœur comme un brasier ardent.
Maintenant, tu es riche et gendre de ministre,
Haut dignitaire à la monture resplendissante,
Tu as répudié la servante que je suis,
Comme le destin d'une esclave est amer !

La jeune fille, le cœur gros, la bouche entrouverte, était hypnotisée par l'émotion du vieux forgeron. Il avait les yeux légèrement levés au ciel et sa pomme d'Adam naviguait librement comme une bille de mercure. Ce chant amer, dramatique et doux à la fois, fouettait le cœur de la jeune fille comme une pluie d'automne. Elle était au bord des larmes, lorsque le chant devint plus emphatique, se libérant de toute contrainte. Son cœur se mit à tanguer comme une branche de saule au vent. A ce moment, une sensation d'engourdissement lui remonta le long de la colonne vertébrale jusqu'au sommet du crâne, et son corps bascula le plus naturellement du monde sur l'épaule de Shijiang. Elle saisit la grosse main calleuse de ce dernier et s'amusa avec, ses yeux brillaient, elle était corps et âme noyée dans le chant du vieil homme, envoûtée par ses paroles. Le visage anguleux du vieux forgeron dégageait une aura majestueuse. Chrysanthème sentit alors que son avenir se dessinait comme une mélopée…

Shijiang enlaça la jeune fille avec amour. Sa grande main appuya délicatement sur le sein bien rebondi de Chrysanthème. Le jeune forgeron était assis derrière Noiraud. Il ne supportait pas d'entendre son maître brailler comme un vieux mulet, d'une voix perçante et désagréable. Puis les cris de mulet cessèrent de le déranger, il s'accroupit à moitié, la tête de biais, l'œil aux aguets, griffant et déchiquetant d'un regard rapace le visage de la jeune fille. Pendant que Shijiang caressait tendrement le sein de Chrysanthème, le ventre du jeune forgeron brûlait, des flammes lui montaient tout droit dans la gorge et lui jaillissaient par les narines et par la bouche. Il avait l'impression d'être assis sur un ressort et qu'au moindre relâchement de sa part, il serait catapulté dans les airs et irait s'écraser contre le mur en béton armé, alors, il se cramponna, les dents serrées.

Noiraud avait les mains en appui sur le manche du soufflet. Le feu avait faibli, une flamme bleue et une flamme jaune dansaient sur le charbon ardent ; parfois soufflées par une colonne d'air, elles s'élevaient très haut, ondulant au-dessus du fourneau. Mais le mouvement d'une ombre humaine suffisait à les diminuer. Noiraud essayait de les fixer, une flamme par œil pour avoir un œil jaune et l'autre bleu, mais il ne parvint pas à diviser son regard. Aussi, découragé, détourna-t-il les yeux du feu et se mit à scruter les alentours. Soudain, son regard s'arrêta sur l'enclume devant le fourneau. Elle était cramponnée au sol, telle une énorme bête sauvage. Pour la première fois, la bouche de Noiraud s'ouvrit grande. Il poussa un soupir d'admiration qui fut immédiatement couvert par le chant du vieux forgeron. Les yeux de Noiraud, qui étaient déjà grands et lumineux au naturel, se transformèrent cette fois en une source de lumière aussi puissante qu'une torche électrique. Il eut une vision d'une beauté hors du commun : l'enclume lisse reflétait un éclat bleu-noir et sur cette enclume aux reflets bleu-noir se trouvait un radis doré. La forme et la taille de ce radis le faisait ressembler à une poire juteuse de Laiyang. Il se terminait par une longue queue pourvue de quelques poils dorés comme ceux des moutons. Le radis était cristallin, luisant et délicatement ajouré. Sa peau transparente et dorée recouvrait un liquide argenté vivant. Sa forme était plaisante, gracieuse même et de sa cambrure fusait une lumière dorée. Les faisceaux étaient plus ou moins longs, les plus longs faisaient penser à la barbe des épis de blé, les autres à des cils, mais tous étaient dorés… le chant du vieux forgeron avait été refoulé au lointain comme le bzz ! bzz ! du moucheron. Aussi léger qu'une ombre, l'enfant passa devant le soufflet et s'arrêta devant l'enclume. Il tendit sa petite main couverte de terre et de charbon, blessée et brûlée, elle tremblait… Alors que Noiraud allait prendre le radis, le jeune forgeron surgit comme un diable en boîte en culbutant un seau dont l'eau se répandit sur la couche du vieil homme et s'empara du radis. Le sang affluait dans son œil valide :

— Enculé ! Fils de chien ! Fils de chienne ! Tu oses te servir en radis ? J'ai les tripes enflammées et la gorge en feu, j'aurais justement besoin de celui-là pour me désaltérer !

Le jeune forgeron ouvrant sa gueule aux dents noires s'apprêtait à croquer le radis. Noiraud fit alors un bond d'une agilité rare. Glissant ses bras maigrelets entre ceux du forgeron, il s'accrocha puis se laissa glisser en faisant tomber le radis à terre. Le forgeron envoya promener Noiraud d'un coup de pied. L'enfant fut précipité dans le giron de la jeune fille, et Shijiang, sortant ses grandes paluches, l'attrapa fermement.

Le vieil homme avait cessé de chanter, il se levait lentement, Shijiang et Chrysanthème firent de même. Tous les yeux étaient braqués sur Dragon-borgne. Noiraud avait la tête qui tournait, tout dansait devant lui. Il secoua énergiquement la tête pour essayer de stabiliser les images et vit le jeune forgeron reprendre le radis et le porter à sa bouche. Noiraud saisit alors un morceau de charbon et le lui jeta ; le morceau frôla la joue, cogna contre la planche de bois et retomba sur la couche du vieil homme.

— Fils de pute, je vais te montrer de quel bois je me chauffe ! rugit le jeune maître.

Shijiang fit un pas en avant :

— T'es décidé à chercher noise au gosse ?

— Rends-lui le radis ! dit la jeune fille.

— Lui rendre ? Jamais !

Dragon-borgne se précipita dehors, fit un violent mouvement de bras et le radis traversa les airs en sifflant. Longtemps après, la rivière renvoya un son d'éclaboussure.

Un arc-en-ciel doré apparut devant les yeux de Noiraud qui s'effondra mollement entre Shijiang et Chrysanthème.

IV

Le radis d'or se fracassa sur la surface de l'eau en soulevant une gerbe d'écume. Il flotta quelques instants puis sombra petit à petit. Au fond de l'eau, quelques lentes cabrioles le recouvrirent de sable. Une brume épaisse montait de la surface de la rivière, il faisait encore nuit noire et le fond de la vallée était complètement bouché. On entendait la rivière, enfouie sous cette couche opaque, délivrer sa complainte. Sur les berges, les canards matinaux observaient anxieux les roulis de la brume. Le plus téméraire s'avança cahin-caha au bord de l'eau. La brume se dressait comme une moustiquaire entre lui et la profusion d'herbes aquatiques. Il tendit son cou à droite, à gauche, en avant, mais le brouillard ayant l'extrême souplesse des éponges de mer, il dut rebrousser chemin dans un cancan d'insatisfaction. Puis le soleil perça, et la brume se pourfendit en de multiples passages et galeries au travers desquels les canards aperçurent un vieil homme portant une couverture roulée et quelques lourds ustensiles de fer sur sa palanche. Il allait vers l'ouest en longeant la berge. Le vieux était très voûté, son chargement appuyait lourdement sur ses épaules, et son cou était tendu comme celui d'un cygne. Quand il eut passé son chemin, un enfant à la peau mate, le torse et les pieds nus arriva à son tour. Côte à côte, le canard et sa compagne échangèrent un regard complice qui semblait vouloir dire : tu te souviens l'autre jour, c'était lui, le seau cognant sur les saules, culbutant dans la rivière, c'était lui qui rampait comme un chiot et dévalait la berge avec le seau à moitié vide, ce seau qui a bien failli écraser le « p'tit voyou »… et la compagne de rajouter aussitôt, ce démon de « p'tit voyou », toujours à me dire des insanités, l'avoir écrasé n'aurait pas été un mal…

Noiraud marchait, prenant son temps au bord de l'eau et dépensant beaucoup d'énergie à essayer de percer du regard cet épais brouillard. Il entendait les canards cancaner follement sur la rive d'en face. Il finit par s'accroupir, le front sur les genoux, enlaçant ses mollets frigorifiés. Le soleil pointait, et les rayons lui chauffaient le dos comme s'il avait derrière lui une forge en action. Cette nuit, il n'était pas rentré chez lui, il avait dormi dans un coin de l'antre. Au chant du coq, le vieux forgeron avait prononcé quelques phrases d'une voix forte puis tout était redevenu calme. Ne pouvant se rendormir, il s'était alors mis à déambuler sur le sable froid jusqu'à la rivière. Là, il avait aperçu la silhouette bossue du vieux forgeron et s'était subitement retrouvé les fesses par terre pour avoir voulu le rattraper. Le temps de se relever, le vieil homme avait disparu dans le brouillard.

Il observait, accroupi, ce brouillard épais traversé par les rayons du soleil. Il jeta un coup d'œil sur les canards de la rive opposée, qui lui adressèrent en retour des regards plein de distinction. Les parties dégagées de la surface de l'eau scintillaient comme de l'argent, mais on ne parvenait pas à distinguer le fond de la rivière, et Noiraud était profondément déçu. Le chantier commençait à s'agiter et l'adjoint-chef Liu jurait à s'en écorcher les poumons :

— Damnation ! le mauvais sort s'est abattu sur la forge ! Cette vieille crapule a plié bagages sans crier gare et la jeune crapule s'est fait la malle. Existe-t-il encore un minimum de discipline sur ce chantier ?

— Noiraud !

— Noiraud !

— Ce n'est pas lui, là-bas ? Regarde, accroupi au bord de l'eau !

Shijiang et la jeune fille accoururent et l'attrapèrent chacun par un bras.

— Pauvre petit, qu'est-ce que tu fais ici ? Ne reste pas là, il fait froid, dit la jeune fille en lui retirant quelques brins de paille des cheveux.

— Il reste quelques patates d'hier, Dragon-borgne te les fera griller.

— Le vieux maître est parti, lui annonça Chrysanthème sur un ton grave.

— Oui, parti, confirma Shijiang.

— Que faire ? Le laisser avec le borgne ? Et s'il le maltraite ?

— Ne t'inquiète pas, cet enfant est blindé. Et puis, nous sommes là, le borgne n'osera pas aller trop loin.

Noiraud se retournait à chaque pas pendant que ses amis l'entraînaient vers le chantier.

— Idiot ! Avance donc, qu'y a-t-il de si intéressant dans l'eau ?

Shijiang serra bien fort le bras de Noiraud.

— Merde, je croyais qu'un vieux matou t'avait enlevé ! lança Liu Taiyang à Noiraud. Puis, se tournant vers le forgeron, tu as réussi à faire partir le vieux, je te signale que je ne veux pas de retard dans le travail. Si tu n'es pas capable de redonner vie à ces poinçons, je te crève l'œil.

Le jeune forgeron, affectant un air hautain, se mit à rire :

— Vous verrez bien, chef… Il faudra cependant me remettre la paye du vieux, sinon, je me tire !

— Je veux d'abord voir ton travail. Soit tu le mérites, soit tu iras te faire foutre !

— Prépare le feu, fiston ! ordonna le jeune forgeron à Noiraud.

La matinée durant, Noiraud sembla avoir perdu ses esprits. Ses mouvements étaient désordonnés et son travail grossier ; tantôt il jetait une énorme pelletée de charbon dans le fourneau, enfumant tout l'atelier, tantôt il introduisait les poinçons par le mauvais côté, faisant fondre le manche. Le jeune forgeron pesta de colère :

— Bon sang ! Mais où as-tu la tête ?

Une telle activité avait mis le forgeron en nage, il faisait preuve d'un talent exceptionnel, talent décelable dans chacune de ses gouttes de sueur. Noiraud le regarda plonger sa main dans le seau pour tâter la température de l'eau avant de tremper le métal. Un vieux morceau de tissu enveloppait son bras à l'endroit où le poinçon incandescent l'avait brûlé, et une odeur de poisson avarié ou de crevette pourrie se dégageait de la blessure. Les yeux de Noiraud se couvrirent d'un léger voile, son moral était au plus bas.

Passé neuf heures du matin, la lumière du soleil devenait d'une beauté extraordinaire. Dans la pénombre de la voûte, un rayon vint éclairer le mur ouest et fit étinceler la forge de mille feux. Son travail fini, le forgeron apporta lui-même les poinçons au tailleur de pierre pour vérification. Noiraud en profita pour laisser choir ses outils et sortir de l'antre à pas feutrés. Le passage à la lumière fut brutal et la tête lui tourna comme lors d'un soudain plongeon dans l'obscurité. D'abord un peu hésitant, il se lança finalement dans une course effrénée qui l'amena en quelques secondes au bord de l'eau. Les « roubignoles de chien », ces plantes anguleuses, l'observaient avec curiosité ; des bleuets et des renoncules à la coiffe brune humaient avec avidité l'odeur de suie qui se dégageait de l'enfant. Le doux parfum d'herbe qui flottait à la surface de l'eau et l'odeur un rien fétide des tanches titillaient les narines de Noiraud, ses poumons claquaient comme les ailes d'un pigeon sauvage. Une pellicule blanche maculée de violet et de noir recouvrait la rivière. Les yeux secs de Noiraud lui donnaient des picotements, cependant son regard restait accroché, comme s'il avait voulu percer cette couche luisante de mercure. Il releva à deux mains le bas de son caleçon, sonda le terrain et rentra dans l'eau où il se mit à évoluer d'un pas dansé. L'eau lui arrivait aux genoux, puis, très vite, il s'enfonça jusqu'aux cuisses. Retroussant son caleçon le plus possible, il mit à nu une paire de petites fesses couleur raisin. Il était maintenant au beau milieu de la rivière, et la lumière alentour convergeait sur lui, inondant son corps et pénétrant dans ses yeux où elle teintait la pupille du vert des bananes qui poussaient sur la digue. Le courant était rapide, l'eau arrivait par vagues successives sur les jambes de l'enfant. Sous ses pieds, le sable était bien ferme, mais il se creusa très vite, emporté par le courant. Dans ce nouveau trou, Noiraud mouilla son caleçon qui se plaqua sur sa cuisse et gonfla derrière. La suie de la culotte dessinait une auréole noire sur l'eau. En tourbillonnant sous ses pieds, le sable lui caressait les mollets. Deux gouttes d'eau ambrée étaient suspendues à ses joues, il grimaça énergiquement. Noiraud sondait, palpait, cherchait avec ses pieds.

— Noiraud ! Noiraud !

Le jeune forgeron l'appelait à l'entrée de la voûte.

— Noiraud, tu cherches la mort ?

Il savait que le forgeron s'approchait du bord de l'eau, mais ne se retourna pas pour autant, offrant son dos noir pour tout accueil.

— Remonte !

Le forgeron saisit un morceau de terre boueuse et l'envoya dans la direction de Noiraud. La terre effleura les cheveux de l'enfant avant de retomber dans l'eau en provoquant de belles ellipses ondulantes. Une autre poignée de glaise arriva en plein dans son dos ; déséquilibré, il alla embrasser la surface de l'eau. Il finit par se frayer bruyamment un passage à contre-courant dans les eaux et arriva devant le forgeron le corps couvert de gouttelettes qui ruisselaient sur sa peau en de nombreux chapelets sonores. Son caleçon était plaqué contre lui et le « petit oiseau » à l'aspect de chrysalide fermement dressé. Alors que la grosse paluche du forgeron s'apprêtait à lui voler dans les oreilles, l'homme se sentit retenu par une main de velours, Noiraud le regardait droit dans les yeux.

— Va vite donner un coup au soufflet, mes poinçons valent bien ceux de cette vieille carne ! dit-il fier de lui en donnant une petite tape sur la nuque de l'enfant.

Il n'y avait rien à faire à la forge pour l'instant. Le jeune forgeron mit à griller quelques patates douces qui restaient de la veille. Une légère brise venue des champs de chanvre pénétra sous la voûte. Les rayons du soleil tapaient de plein fouet. Le forgeron retournait les patates roussies avec sa pince, il se mit à chantonner d'un air satisfait :

— « A Pékin comme à Nankin, personne n'a jamais vu de lanterne dans une culotte… » Noiraud ! Tu as déjà vu ça, toi ? Eh bien, ta belle-mère, elle en a une…

Semblant soudain se souvenir de quelque chose, il dit à Noiraud :

— Va vite me déterrer deux radis, tu auras deux patates en récompense !

Le regard de Noiraud s'illumina subitement. Le jeune forgeron vit son petit cœur tressaillir entre ses côtes, il n'eut pas le temps d'ajouter un mot que l'enfant détalait comme un lapin.

En grimpant sur la digue, Noiraud entendit Chrysanthème l'appeler au loin. Il se retourna, mais fut aveuglé par le soleil. Il dévala la digue et pénétra dans le champ. Le chanvre poussait en désordre, on ne reconnaissait aucun effort de régularité dans la plantation, là où l'on avait semé serré, les tiges n'étaient pas plus grosses qu'un crayon ; là où les graines avaient été particulièrement espacées, elles étaient de l'épaisseur d'un manche de faucille voire même d'un bras. Malgré cela, elles étaient toutes de même hauteur. Vu de la digue, le chanvre avait l'aspect d'un lac chatouillé par la brise. Allant de l'avant, Noiraud écarta de ses mains des tiges frêles et d'autres robustes dont les piquants n'épargnèrent pas sa peau. Les feuilles sèches tombaient pêle-mêle sur le sol. Il se faufila rapidement jusqu'à une certaine limite à partir de laquelle il devait tourner à angle droit vers l'ouest pour atteindre les radis. En fin de parcours, il se mit à plat ventre et rampa lentement pour sortir du chanvre. Il aperçut alors un parterre de fanes vertes et noires. Leur dentelle laissait passer les rayons du soleil qui éclairaient un vaste paysage de têtes rouges. Alors qu'il était presque sorti du champ de chanvre, il se rétracta soudain discrètement. Un vieil homme avançait à quatre pattes, sortant de sa poche des graines de blé qu'il semait entre les radis. Un arrogant soleil d'automne lui cuisait le dos. Il était vêtu d'une simple chemisette blanche, et la sueur coulait le long de sa colonne vertébrale. La brise qui soulevait la poussière du sol jaunissait les parties humides du vêtement. Noiraud recula encore de quelques mètres à genoux puis s'étendit sur le sol, le menton en appui dans les paumes de ses mains et observa les radis à travers les tiges de chanvre. D'innombrables yeux rouges fixaient Noiraud, l'espace d'un instant les fanes se transformèrent en une longue chevelure noire ondulant à la manière des queues d'oiseaux…

Un homme au visage sanguin traversa à grands pas le champs de patates, s'arrêta derrière le vieillard et demanda à brûle-pourpoint :

— Hé ! l'ami ! tu disais qu'on nous a volés hier soir ?

Le vieil homme se releva maladroitement et répondit les bras ballants :

— Oui, il a pris six radis en laissant les fanes et huit patates douces sans les racines.

— J'ai bien peur que ce soit ces vauriens qui réparent le barrage. Sois plus vigilant à l'avenir et retarde un peu l'heure de ton déjeuner.

— Entendu, chef.

Noiraud et le vieillard raccompagnèrent du regard l'homme au visage sanguin. Le vieil homme s'assit au milieu des radis, face à l'enfant. De moins en moins rassuré, Noiraud fit un nouveau pas vers l'arrière, cette fois, la densité du chanvre lui bouchait la vue.

— Noiraud !

— Noiraud !

Debout sur la digue, la jeune fille et Shijiang appelaient dans la direction du chanvre. Ils tournaient le dos au soleil de midi qui projetait ses rayons sur les hommes en train de se disperser pour la pose.

— Je l'ai vu se faufiler dans le champ, je pensais qu'il allait faire ses besoins ! dit la jeune fille.

— Dragon-borgne ne l'aurait-il pas utilisé une fois de plus ? se demanda Shijiang.

— Noiraud !

— Noiraud !

Le son des deux voix, masculine et féminine, glissait comme les hirondelles au sommet du chanvre. Une famille de cet oiseau qui chassait de petits papillons gris prit soudain de l'altitude et ne se reposa que beaucoup plus loin, effrayée par ces bruyants intrus. Le jeune forgeron était devant son antre. Il observait de son œil unique l'homme et la femme côte à côte et sentait son ventre gonfler de plus en plus. Leur comportement et le ton sur lequel ils s'exprimaient pouvaient faire croire qu'ils étaient à la recherche de leur propre fils. « Vous ne perdez rien pour attendre, enfants de malheur ! » gronda le forgeron entre ses dents.

— Noiraud ! Noiraud ! appelait la jeune fille, il s'est peut-être endormi au beau milieu du chanvre.

— Allons voir ! implora Shijiang en regardant Chrysanthème.

— Vraiment ? Allons.

Ils dévalèrent la digue la main dans la main et pénétrèrent dans le chanvre. Le jeune forgeron, qui les avait suivis, arriva sur la digue d'où il observa les feuilles de chanvre doré déferler au rythme du vent. Shualala... faisaient les tiges en se frôlant les unes les autres pendant que les appels de l'homme et de la femme émergeaient de cet océan...

Noiraud était fatigué de sa position à plat ventre, il souffla un bon coup et se tourna sur le dos. Il était couché sur une terre extrêmement aride, recouverte d'une mince couche de feuilles. Ses bras croisés derrière la nuque lui servaient d'oreiller. Son ventre creux ressemblait à une petite vallée bien encaissée au-dessus de laquelle virevolta une feuille jaune mouchetée de rouge avant de se poser sur le nombril rempli de suie. Deux rayons bleus filtraient au travers des feuilles jaunes, feuilles dansantes comme un ballet de moineaux dorés, moineaux que l'on prendrait volontiers pour des ailes de phalènes, oh, ces ailes de phalènes qui frétillent comme la cornée abîmée de Dragon-borgne.

— Noiraud !

— Noiraud !

Cette voix familière l'interrompit dans ses rêves, il s'assit et repoussa du coude la grosse tige voisine.

— Ce gamin, je te jure ! Est-ce qu'il dort ?

— C'est pas possible, avec tout le chahut qu'on fait ! Il a dû rentrer chez lui en douce.

— Sacré petit.

— On est bien ici…

— Oui, vraiment bien…

Les voix étaient de plus en plus étouffées. On aurait dit deux poissons faisant la conversation dont seulement quelques bulles parvenaient à la surface de l'eau. Noiraud se sentit parcouru d'un faible courant électrique. Dans l'anxiété, il s'était mis à genoux et remuait les oreilles, essayant d'ajuster son regard. Quand enfin il réussit à contourner tout obstacle visuel, il aperçut les corps de ses amis zébrés par les tiges de chanvre. Le chanvre était plongé dans une grande tranquillité, seule une légère brise qui passait par là fit frissonner une partie du feuillage sans déranger la moindre tige. De nouvelles feuilles tombèrent et le bruit de leur vibration parvint aux oreilles de Noiraud. Surpris mais enchanté, il vit planer au-dessus de lui le foulard pourpre qui s'accrocha aux piquants et se transforma en un drapeau solennel. La chemise à carreaux rouges tomba sur le sol. Le chanvre déferlait vers Noiraud par vagues successives. Il se leva lentement, fit demi-tour et se mit à marcher droit devant lui. Une sensation étrange l'agitait.

V

Cela faisait maintenant une dizaine de jours que la jeune fille et Shijiang semblaient avoir oublié Noiraud. Ils ne venaient plus le voir à la forge comme auparavant. Chaque midi et chaque soir, Noiraud entendait le chant évocateur de l'alouette s'élever au-dessus du chanvre. Un sourire de glace flottait alors sur son visage, il comprenait. Le jeune forgeron remarqua le chant de l'alouette bien après Noiraud qui, du fond de l'antre, avait fini par découvrir le pot aux roses : toutes les fois que l'alouette chantait, Shijiang était absent du chantier et Chrysanthème se mettait à scruter nerveusement les alentours avant d'abandonner son marteau et de s'éclipser. Quelques instants plus tard, l'alouette se taisait. La mine du forgeron s'assombrissait et son humeur devenait exécrable. Il se mit à boire. Chaque jour, Noiraud traversait le pont pour aller lui remplir une bouteille d'eau-de-vie de patates à l'échoppe du village.

Ce soir-là, la lune miroitait quand l'alouette se mit à chanter. Le vent tiède des étendues de chanvre arrivait sur le chantier comme une tendre caresse. Le jeune forgeron serrait bien fort sa bouteille d'eau-de-vie. Il en but la moitié d'un trait et son œil échauffé se mit à pleurer. L'adjoint-chef Liu Taiyang était retourné chez lui marier son fils et l'ambiance s'était relâchée sur le chantier. La plupart des tailleurs de pierre affectés au travail de nuit fumaient une cigarette, allongés sous les voûtes. Il n'y avait pas de poinçon à réparer et le feu vivotait tant bien que mal.

— Noiraud… va me chercher quelques radis ! L'alcool lui brûlait l'estomac, il aurait pu cracher le feu.

Noiraud se tenait raide comme un bâton près du soufflet à regarder le jeune forgeron.

— T'attends que je te donne une raclée ? Va…

Noiraud partit au clair de lune. Le chanvre

qu'il contourna lui parut d'un mystère insondable, il coupa à travers le champ coloré de patates douces et arriva sur le terrain planté de radis, véritable mirage scintillant au plein milieu du désert. Lorsqu'il retourna à la forge un radis à la main, le jeune forgeron ronflait déjà, affalé sur sa paillasse. Noiraud déposa le radis sur l'enclume et activa le feu avec sa main sans réussir à obtenir une seconde fois ces petites flammes bleues et jaunes qui s'élevaient dans les airs. Il regarda le radis sous un autre angle, celui-ci était hideux, enveloppé d'une vieille loque rouge sombre. Noiraud baissa la tête, déçu.

Cette nuit-là, Noiraud ne dormit pas bien. Allongé sous une des voûtes, il ne cessa de gigoter dans tous les sens. L'adjoint-chef Liu n'étant pas là, les ouvriers avaient tous regagné leurs pénates pour la nuit. Sous la voûte, le sol n'était plus recouvert que d'une fine couche de paille. Les rayons de lune pénétraient de biais, la luminosité était glaciale. Les bruits de la rivière, ceux des champs, le ronflement du jeune forgeron endormi à l'extrémité ouest de la voûte, ces bruits et bien d'autres plus étranges s'engouffraient dans les oreilles de Noiraud. La paille frémissait sur la pierre et lui rentrait dans les yeux. Il la réunit en un petit tas et s'enfouit dedans, mais le vent parvenait quand même à s'infiltrer entre les brins. Il se blottit et ne bougea plus. Toute tentative pour s'endormir restait vaine. Il ne pouvait s'empêcher de penser à ce radis, quel genre de rave était-ce donc ? Dorée, translucide ? Son esprit vagabondait tantôt au fond de la rivière, tantôt au milieu des radis, Noiraud cherchait partout, partout…

Le lendemain matin, le soleil n'avait pas encore pointé et la lune conservait un peu de son éclat, des nuages de corbeaux déroutés, désemparés avaient survolé le chantier, et quelques plumes crasseuses traînaient sur le barrage. A l'est de la ligne d'horizon, une dizaine de nuages gris se dressaient comme des arbres sur les branches desquelles pendaient de longs tissus blancs effilochés. En sortant de la forge, Noiraud fut saisi d'un froid glacial et commença à trembler comme pendant ses crises de paludisme. L'adjoint-chef Liu était revenu dans la nuit. Après avoir vérifié l'état du travail, il piqua une colère et houspilla tous les ouvriers. Ce matin-là, tout le monde travailla avec acharnement, la densité des coups de masses faisait penser au concert des grenouilles de l'étang. Les poinçons à réparer étaient nombreux, et le jeune forgeron, particulièrement appliqué, fournissait un travail propre et net. Les tailleurs de pierre qui venaient échanger leurs outils lui faisaient toutes sortes de compliments, disant que sa technique de trempe était supérieure à celle de son vieux maître, que ses poinçons étaient rapides, résistants et avaient un bon mordant.

Le soleil était à son zénith quand Shijiang apporta deux poinçons neufs à quatre ou cinq *yuan* pièce. Il était radieux. Le forgeron le regarda en coin, l'œil noir. Shijiang, comblé de bonheur, ne remarqua pas cet air peu amical. Soudain, Noiraud prit peur, sentant que le forgeron allait jouer un mauvais tour au jeune homme. Le forgeron chauffa les deux poinçons jusqu'à ce qu'ils aient l'apparence de l'argent puis leur redonna grossièrement forme sur l'enclume avant de les plonger d'un coup dans l'eau…

Shijiang repartit avec les poinçons. Un sourire de satisfaction se lisait sur les lèvres du jeune forgeron, il dit à Noiraud en clignant des yeux :

— L'enfoiré, comment ose-t-il prétendre à une réparation de qualité ? A ton avis, fiston, pour qui il se prend ?

Noiraud tremblotait dans son coin. Shijiang revint bientôt près du fourneau, jeta les poinçons aux pieds du forgeron en pestant :

— Dragon-borgne, qu'est-ce que c'est que ce travail ?

— De quoi tu te plains, espèce de fouille-merde ?

— Attends un peu que je m'occupe de ton autre œil !

— Ce sont tes poinçons qui sont de mauvaise qualité.

— Sornette, tu t'es bien foutu de ma gueule, voilà tout.

— Et alors ? Rien que de te voir j'ai des boutons qui me poussent de partout !

— Sors donc si t'es un homme ! dit Shijiang, le visage blême de colère.

— Tu crois que tu m'impressionnes ? renchérit le forgeron en défaisant son tablier graissé.

C'était un véritable ours mal léché qui sortit le torse nu.

Shijiang attendait sur le sable devant le barrage, il avait retiré son blouson, son polo rouge et n'avait plus qu'un petit débardeur sur le dos. Sa stature était imposante, un corps bâti comme un arbre avec un visage de jeune premier. Le forgeron faisait crisser les cailloux tranchants avec ses protections huilées sur les pieds. Il avait les bras longs et des jambes courtes. Les muscles de son torse étaient particulièrement développés.

— Combat civil ou combat guerrier ? demanda le forgeron sans même regarder son adversaire.

— Ça m'est égal ! répondit Shijiang avec le même dédain.

— Fais donc signer une décharge à ton père, qu'on ne vienne pas me réclamer d'indemnité quand je t'aurai liquidé !

— Tu ferais mieux d'aller préparer ton cercueil !

Durant cet instant d'acharnement mutuel, les deux hommes s'étaient rapprochés l'un de l'autre. Noiraud se tenait à l'écart, accroupi, et tremblait de tout son être. Les premiers assauts lui parurent être de la rigolade. Shijiang aspergea de salive le visage du forgeron qui leva ses longs bras et lui décocha un droit. Shijiang recula et le coup porta dans le vide. Puis ils remirent cela, les postillons, le crochet du droit, un pas en arrière et un coup dans le vide. Shijiang n'avait pas encore fait passer le cap des lèvres à son troisième crachat qu'il fut sauvagement frappé à l'épaule et se mit à tournoyer dans une pirouette incontrôlable.

Les gens se regroupaient autour d'eux en poussant des cris de frayeur :

— Arrêtez de vous battre ! Arrêtez !

Mais personne n'intervint et les voix se turent. Les gens retenaient leur souffle, observaient éberlués ces deux jeunes hommes de statures si différentes mesurer leur force. Chrysanthème avait perdu toutes ses couleurs et s'agrippait à l'épaule de sa voisine. Elle gémit quand son bien-aimé reçu le crochet d'acier du forgeron. Ses yeux ressemblaient à deux chrysanthèmes noirs en pleine floraison.

Il était encore difficile de dire qui serait le vainqueur ; et vas-y que je te donne un coup de poing et vas-y que je te le rends. Shijiang était grand, il avait le geste élégant et raffiné, mais manifestement un peu trop hésitant, donnant trop dans la fioriture et surtout peu puissant. Bien que les mouvements du forgeron étaient plus lents, il avait le poing mauvais, si bien que Shijiang faisait la pirouette à tous les coups. Le forgeron essuya un coup à la tête et Shijiang en profita pour s'acharner sur lui. Ses poings déferlèrent sur le corps du forgeron qui finit par se courber, passer sous l'aisselle de Shijiang et enrouler ses bras comme deux anguilles autour de sa taille. Shijiang prit alors la tête de son adversaire en étau. Les deux hommes avancèrent, reculèrent, reculèrent encore et avancèrent de nouveau. Shijiang se mit à tituber et tomba à la renverse sur le sable.

La foule explosa de joie.

Le forgeron se releva, cracha une salive ensanglantée et inclina la tête comme un coq de combat victorieux.

Shijiang se redressa et fonça sur le forgeron. Un noir, un blanc, les deux corps étaient de nouveau entremêlés. Cette fois, Shijiang garda une position plus basse, protégeant ses membres inférieurs pour empêcher les coups bas de son adversaire. Les bras mêlés à ceux du forgeron, il parvenait parfois à le soulever puis à faire un tour sur lui-même sans jamais cependant réussir à l'envoyer bouler. Il était haletant, le corps en transpiration, alors que Dragon-borgne n'avait pas perdu la moindre goutte d'eau. Shijiang n'avait aucune endurance, ses déplacements étaient désordonnés, il voyait vite double et, à la moindre négligence de sa part, il se retrouvait prisonnier du forgeron qui le ceinturait à lui en rompre le souffle. Il se retrouva de nouveau à terre, les quatre fers en l'air.

A la troisième reprise, la défaite fut encore plus sévère. Ce chien galeux de forgeron se glissa entre ses jambes, le prit sur ses épaules et l'envoya valser à plus de deux mètres devant lui.

Chrysanthème se précipita en pleurs et remit le tailleur de pierre d'aplomb. Face au chagrin de la jeune fille, la joie qui s'affichait sur le visage de Dragon-borgne disparut, faisant place à une certaine mélancolie. Il resta planté sur place, l'air abasourdi. Shijiang se releva, écarta la main de la jeune fille et saisit une poignée de sable qu'il envoya à la figure du forgeron. Aveuglé, celui-ci se mit à rugir tout en se frottant la paupière. Profitant de l'occasion, Shijiang se jeta sur lui, puis, l'ayant coincé au cou, le pressa à terre et martela son crâne tant qu'il put…

Pendant ce temps-là, une ombre noire se faufilait entre les jambes des curieux. C'était

Noiraud, il déboucha comme un grand volatile noir dans le dos de Shijiang, attrapa les joues de celui-ci avec ses petites griffes sombres et tira dessus de toutes ses forces. La bouche tiraillée et les dents à l'air, Shijiang essaya de crier et s'effondra une fois de plus sur le sol.

Le jeune forgeron réussissait tant bien que mal à se mettre en position assise, tâtant et éparpillant les cailloux autour de lui.

— Fumier ! Chien !

Le son des injures s'harmonisait avec le bruit des pierres, balayant la foule comme une averse de grêle. Les gens, mal à l'aise, se retiraient furtivement. Chrysanthème poussa soudain un cri déchirant. La main du forgeron s'était tout à coup figée. Du sable emporté par ses larmes refluait dans un coin de son œil valide dégageant la prunelle. Il vit alors de façon floue qu'un morceau de pierre plate s'était fichée dans l'œil droit de Chrysanthème, comme si une petite fleur blanche venait d'éclore. Le forgeron laissa échapper un cri étrange, il se masqua le visage et se mit à se tordre sur le sol dans des convulsions de souffrance.

Sous les hurlements de douleur de la jeune fille, Noiraud se décida à lâcher prise. Ses doigts avaient laissé deux traces de sang teintée de suie sur les joues de Shijiang. Profitant de ce moment de panique, l'enfant retourna à la forge et s'accroupit dans le coin le plus sombre. Ses dents claquaient sans répit, il lançait des regards furtifs à la foule en désordre.

VI

Le lendemain sur le chantier, on ne vit ni l'ombre de Chrysanthème ni celle de Shijiang. Il régnait une atmosphère oppressante. Le soleil tremblait, comme pris de folie, sous les poussées du vent morne de l'automne, le chanvre s'était transformé en mer houleuse. Des moineaux épouvantés chahutaient par groupes au sommet des épis. Le vent s'engouffrait sous le pont, soulevant sur son passage une poussière qui teintait une partie du ciel en jaune. Vers neuf heures, le vent tomba enfin et le soleil redevint peu à peu normal.

L'adjoint-chef Liu Taiyang, qui était revenu du mariage de son fils, se trouva dans une situation bien embarrassante. Il se tenait devant le fourneau, la fureur dans l'âme, injuriant le forgeron de tous les mots de la terre, jurant de lui arracher son œil de dragon pour remplacer l'œil abîmé de Chrysanthème. Le jeune forgeron ne bronchait pas, des furoncles rouges asphyxiaient son visage noir. Il respirait en prenant de grandes bouffées d'oxygène et buvait à grosses lampées son eau-de-vie.

Les tailleurs de pierre, mus par je ne sais quelle force, s'acharnaient à leur tâche. Les poinçons émoussés étaient amassés devant le fourneau en attendant d'être réparés. Le jeune forgeron, lové comme une écrevisse sur sa paillasse, se soûlait et l'antre empestait l'alcool.

L'adjoint-chef se mit en colère, frappant du talon le forgeron :

— T'as la trouille ? Tu joues au con ? Tu t'imagines que tout s'arrangera en faisant le mort ! File donc réparer les poinçons si tu veux avoir une chance de te racheter !

Le jeune forgeron lança en l'air la bouteille d'eau-de-vie qui alla se fracasser contre le pont, des éclats de verre et quelques gouttes d'alcool retombèrent sur le crâne de l'adjoint-chef Liu. Le forgeron se leva d'un bond et sortit en titubant, il cria :

— Moi, avoir peur ? Le ciel ne me fait pas peur, ni même la mort, alors pourquoi veux-tu que j'aie la trouille ?

Il grimpa sur le barrage tout en hurlant :

— Je n'ai peur de personne !

Il se cogna la jambe contre la rambarde et s'en trouva déséquilibré. Au-dessous, un homme s'exclama :

— Hé ! forgeron, fais attention de ne pas passer en bas !

— Passer en bas ? reprit-il en s'esclaffant.

Il monta sur la rambarde de pierre, puis lâcha prise et se redressa, hésitant et instable. En bas, les gens étaient pétrifiés, osant à peine respirer.

Le jeune forgeron imprimait à ses bras écartés au maximum un mouvement d'ondulation de haut en bas comme s'il avait une paire d'ailes au plumage abondant. Il se mit à marcher sur le rebord étroit, le corps vacillant. D'un pas lent, il passa à un pas rapide, puis sa marche se transforma en petite course. Au-dessous de lui, les gens qui s'étaient masqués les yeux écartaient leurs mains pour jeter un œil au spectacle en cours.

Faisant balancier avec ses bras, il courait dans un équilibre précaire. Au bas du pont, les eaux bleu sombre reflétaient son ombre déformée. Il fit une première traversée d'ouest en est, puis une autre d'est en ouest en chantant :

« A Pékin comme à Nankin, personne n'a jamais vu de lanterne dans une culotte – geli-long, geligelong, ligelong, ligelong – A Pékin comme à Nankin, personne n'a jamais tiré au lance-pierre dans une culotte… »

Quelques tailleurs de pierre courageux montèrent sur le barrage pour faire descendre le forgeron. Il se débattait comme un fou et pestait :

— Vous allez me foutre la paix, merde alors ! Je suis le roi de l'acrobatie. Au cinéma, les clowns font du fil, moi je fais de la rambarde. Alors, qui est le plus fort ?...

Complètement épuisés par leur entreprise, les hommes réussirent tout de même à le ramener à la forge. Il avait l'air d'un morceau d'argile ramolli sur sa paillasse, crachant une écume blanche et se tirant sur la peau du cou :

— Maman, j'ai mal ! Noiraud, mon bon petit, sors ton maître de là, va me chercher un radis… disait-il en sanglotant.

Tout le monde se rendit alors compte que

Noiraud portait une longue tunique qui lui enveloppait les fesses. Elle était taillée dans un tissu de toile flambant neuf épais et lourd. Ce genre de tissu était très solide, et cinq années n'auraient pas suffi pour en venir à bout. L'énorme caleçon dépassait légèrement de la tunique comme une bordure décorative. Il avait une paire de baskets toutes neuves, trop grandes pour lui. Les lacets serrés au maximum, elles ressemblaient à deux poissons-chats avec leur grosse tête bien moche.

— Noiraud, tu as entendu ? Qu'est-ce que ton maître t'a dit ? demanda un vieux tailleur de pierre en piquant le dos de l'enfant du bout de sa longue pipe.

Noiraud sortit de sous la voûte, grimpa sur la digue et se faufila au milieu du chanvre. Un chemin très étroit avait déjà été tracé confusément dans le chanvre et les tiges s'écartaient de chaque côté. Il marcha, marcha longtemps, puis s'arrêta. Les graminées étaient renversées comme si on y avait fait des galipettes. Il se frotta les yeux du dos des mains, sanglota un coup et se remit en route. Il marcha un moment, puis se mit à plat ventre et rampa jusque dans le champ de radis. Le vieillard rachitique n'était pas là,

Noiraud se redressa et s'avança au centre du carré de radis où il s'accroupit. Il remarqua que les grains de blé serrés entre les rangées de radis donnaient déjà des pousses violacées. Il s'agenouilla et déterra une rave. Alors que les fines racines se séparaient de la terre, on entendit un bruit semblable à une bulle d'eau qui éclate. Noiraud, très attentif à ce son, suivit sa trajectoire jusque dans les cieux. Il n'y avait pas de nuage, le soleil d'automne, serein et gracieux, jetait bas ses rayons sans rencontrer le moindre obstacle. Noiraud leva bien haut le radis et l'examina sous le soleil. Il espérait avoir une nouvelle fois la vision extraordinaire qu'il avait eue l'autre soir sur l'enclume. Il aurait aimé que ce radis soit, sous l'éclat du soleil, aussi cristallin que celui maintenant enfoui au fin fond des eaux de la rivière et que de lui se dégage une auréole d'or. Mais ce radis-ci le déçut, il n'avait rien du cristal, aucune transparence et encore moins d'auréole. Plus aucun espoir de revoir donc la sphère lumineuse et dorée au sein de laquelle se mouvait le liquide argenté. Il arracha un autre radis qu'il examina de la même façon. Seconde déception. La suite des événements fut sans surprise. Il fit un pas, s'agenouilla, déterra deux radis, les examina puis les jeta. Il fit un autre pas, arracha, leva bien haut, regarda, jeta…

Le vieux gardien avait deux gouttes d'eau vaseuse à la place des yeux, il était accroupi au milieu des choux, occupé à attraper les charançons. Les uns après les autres, il les coinçait et les écrasait entre ses doigts. Midi approchant, il se releva et décida d'aller réveiller le chef d'équipe endormi dans la cabane. Celui-ci avait eu une nuit courte. Pendant la journée, le village était trop animé pour bien se reposer, par contre, la cabane, d'où la seule activité audible était le gémissement des vers de terre, constituait le lieu idéal pour récupérer. Le vieil homme déroula sa colonne dans un bruit de camelote. Il vit alors le champ de radis tout rouge sous le soleil, comme une étendue de feux follets. Papillonnant des yeux, il se précipita dans sa direction et comprit que la couleur venait du nombre important de radis qui avaient été déterrés et abandonnés sur place.

— Sacrilège ! s'écria le vieil homme. Il aperçut l'enfant agenouillé qui observait un gros radis sous le soleil. Les yeux de l'enfant étaient tellement grands, tellement brillants qu'il faisait pitié à voir, mais le vieux gardien n'hésita pas à l'attraper et à le traîner jusqu'à la cabane où il réveilla le chef d'équipe.

— Chef, il y a du mauvais ! Les radis... la moitié ont été arrachés par cet ourson-là !

Le chef d'équipe mal réveillé courut voir les radis et revint, le visage noir de colère. Il visa bien et donna un coup de pied cruel dans le postérieur de Noiraud, l'enfant se releva avec difficulté. Sans lui donner le temps de recouvrer ses esprits, le chef d'équipe lui donna une seconde raclée.

— Petit morveux, de quel village es-tu ?

Les yeux de Noiraud étaient remplis de larmes.

— Qui t'envoie commettre des actes de destruction ?

Les yeux de Noiraud étaient limpides.

— Comment t'appelles-tu ?

Les yeux de Noiraud miroitaient.

— Quel est le nom de ton père ?

Deux larmes coulèrent des yeux de Noiraud.

— Mince alors, il est muet !

Les lèvres de Noiraud remuèrent légèrement.

— Chef, ça suffit ! Laissons-le, dit le vieil homme tout maigre.

— Le laisser filer ? dit le chef d'équipe en riant, mais bien sûr !

Se disant, il déshabilla Noiraud de sa nouvelle tunique, de ses nouvelles chaussures et de son grand caleçon, puis, l'ayant complètement mis à nu, fit une boule avec les vêtements qu'il jeta dans un coin de la pièce et dit :

— Rentre chez toi et dit à ton père de venir lui-même chercher tes habits. Maintenant fiche le camp !

Noiraud s'en alla. Les premiers pas, un peu honteux, il cachait son « petit oiseau », puis, très vite, il libéra ses mains. Le vieil homme qui regardait partir Noiraud éclata en sanglots.

Noiraud pénétra dans le chanvre comme un poisson se faufile dans l'océan. Les feuilles de chanvre se heurtaient, frémissaient, le soleil d'automne scintillait.

Noiraud, Noiraud.

Novembre 1984

DÉLUGE

C'était l'année de ses quatre-vingt-huit ans, par un beau matin de printemps au ciel azuré et pur. Au village, tout le monde avait vu mon grand-père assis sur son pliant, les yeux fermés, tranquillement adossé au mur du potager voisin. A l'approche de midi, ma mère m'envoya le chercher pour le déjeuner. J'accourus en criant son nom, mais il ne répondit pas, je le secouai, mais il ne bougea pas. Je volai alors prévenir ma famille et, en un clin d'œil, tout le monde fut regroupé autour de mon grand-père ; on le secoua encore, on lui hurla dans les oreilles, mais toute tentative resta vaine. Il était mort avec beaucoup d'élégance. La mine resplendissante, exhalant la vie et suscitant un infini respect. Les gens du village disaient que s'il avait eu une aussi belle mort, c'était que durant sa vie il avait su accumuler les bonnes actions. Notre famille éprouva un grand honneur à le voir partir ainsi.

A ce que l'on dit, quand il était jeune, grand-père s'était enfui de Baoding au Hebei après avoir tué trois personnes, provoqué un incendie et enlevé une jeune fille, puis il s'était réfugié ici, devenant le premier pionnier de la région de Gaomi. A cette époque, Gaomi était une région inculte aux prises avec des kilomètres de marais. Des herbes folles cachaient jusqu'aux genoux et les eaux stagnantes imbibaient l'horizon. Lapins bruns, renards rouges, aigrettes et tourterelles, ainsi qu'une myriade d'animaux inconnus se partageaient ces terres humides. Il était bien rare qu'un homme s'y aventure et pourtant, mon grand-père y échouera un jour en compagnie de la jeune fille.

Le destin voudra que cette jeune fille devienne ma grand-mère. Ils arriveront au printemps, après quelques jours d'ébats au milieu du foin, ma grand-mère retirera une épingle d'or de ses cheveux, enlèvera son bracelet de jade et enverra mon grand-père les vendre à des lieues d'ici. Après s'être procuré outils et ustensiles ménagers, ils construiront une cahute sur le petit mont qui se dressait alors de façon incongrue au beau milieu du marais. Puis mon grand-père commencera à défricher et ma grand-mère s'occupera de la pêche, brisant ainsi la tranquillité de cette vaste étendue de terre gorgée d'eau. Petit à petit, la nouvelle se répandra : un jeune couple vit dans le marais, lui est basané, bien bâti, elle a le teint pâle, plutôt jolie. Il y a aussi un petit à la peau ni blanche ni noire… et la légende se constituera. Puis, brigands et racaille en tout genre afflueront par milliers, construisant villages et hameaux, et créant un monde bien à part – mais c'est une autre histoire.

Quand j'eus atteint l'âge de raison, le mystérieux petit mont avait depuis longtemps disparu, mis à bas par les paysans pauvres des environs, et la terre avait envahi le marécage. Les périodes de pluie étaient de plus en plus rares et l'eau valait de l'or. Les villages se succédaient à une distance de cinq ou sept lis les uns des autres. A écouter les anciens parler du passé, parler de l'évolution géographique du coin et des faits et gestes de

Gaomi, on se sentait plongé dans un monde ensorcelé où les histoires mystérieuses scintillaient au rythme des feux follets. Faits véridiques ou pures inventions de l'esprit ?

Grand-père et grand-mère défrichaient, s'occupaient de leurs plantations, allaient à la pêche, attrapaient des crevettes et chassaient le lapin. Longtemps, ils resteront inquiets et tourmentés, rêvant à ces têtes humaines ensanglantées, puis, le temps aidant, ils finiront par oublier. Mon grand-père disait : dans le marais, il n'y a pas de soldats, pas de fonctionnaires et l'empereur est loin, mais qu'est-ce qu'il y a comme moustiques ! Quand le ciel tourne à l'orage, des masses noires comme des nuages de fumée écrasent les herbes et tournoient à la surface de l'eau. Tendez la main, vous en retirerez une poignée de moustiques ! Parfois, pour fuir les insectes, mes grands-parents se mettaient à l'eau, ne laissant émerger que les trous de leurs narines. Mon grand-père racontait aussi que le soir, au milieu des herbes humides, un léger tissu de lueurs vertes apparaissait comme si l'eau s'était mise à circuler. Les crabes du marais profitaient toujours de la lumière des feux follets pour chercher leur nourriture, si bien qu'au lever du jour, on pouvait voir d'innombrables traces de pattes sur la vase. Ces crabes atteignaient paraît-il la taille d'un fer à cheval. Je ne m'attarderai pas sur leur goût, puisque je n'ai jamais vu aucune de ces grosses bêtes. Quand j'écoutais mon grand-père raconter ces histoires envoûtantes du marais, je ne pouvais que regretter de ne pas être né soixante ans plus tôt.

L'automne s'installait. Le sorgho planté par mon grand-père avait de beaux grains rouges et les tiges ployaient sous le poids des épis. Le maïs était prêt à être ramassé. Cette année, la récolte s'annonçait excellente. Mon père se développait à merveille dans le ventre de ma grand-mère, attendant le moment propice pour se lancer dans le vaste monde. Alors que l'on s'organisait pour la moisson, le temps devint très lourd et des nuages bigarrés recouvrirent le marais, tel un véritable troupeau de bestiaux désordonné. Ces petits paquets progressant à la hâte se reflétaient sur le marécage. Puis il se mit à pleuvoir des cordes dix jours durant. Les eaux gonflaient. Le bruit de la pluie était insistant et le brouillard indécis, nuit et jour, sans une seule éclaircie, sans un moment de répit. Enervé, mon grand-père se défoulait en paroles contre les éléments en furie. Grand-mère commençait à avoir ses premières douleurs. « Je crois que je vais accoucher », disait-elle. « Eh bien, accouche ! Ce putain de temps, j'te lui crèverai la panse ! » répondait-il. Alors qu'il s'acharnait sur le mauvais temps, il aperçut le soleil au travers des nuages. D'abord légèrement voilé, puis perçant soudain de trois rayons blancs consistants qui balayèrent l'atmosphère en trois zones de clarté. Grand-père sortit de la cahute tout émoustillé. Il scruta le ciel, écoutant le son de plus en plus clairsemé des gouttes de pluie sur la plaine marécageuse. Quelques filaments de pluie argentés traversaient les airs. L'eau s'était accumulée de part et d'autre, et les herbes en tout genre piquaient du nez, épuisées. Le bruit des gouttes d'eau se fit de plus en plus irrégulier, et un vent pesant se mit à souffler par rafales sur la plaine. Perché sur son monticule, grand-père scruta ses plantations du regard ; le sorgho et le maïs avaient l'air en bon état, et son visage respira de nouveau le bonheur. Un nombre incalculable de grenouilles avaient entamé une symphonie au vent et tout le marais croassait. Grand-père rentra dans la cahute et raconta à ma grand-mère comment le soleil avait percé les nuages. Son ventre lui faisait de plus en plus mal et elle avait peur. « De quoi as-tu peur ? Quand la courge est mûre, elle tombe d'elle-même », dit grand-père pour lui redonner courage. A cet instant, on entendit un bruit étrange se répercuter dans toute la plaine, comme un roulement de tonnerre, qui rassembla les grenouilles au milieu du marais. Grand-père sortit et vit déferler des vagues boueuses de la taille d'un cheval. Elles progressaient en grondant et heurtaient le mont dans leur élan. En un rien de temps, les eaux du marais gonflèrent de plusieurs mètres. Les grenouilles semblaient avoir toutes péri noyées. Les herbes avaient disparu et seuls le sorgho et le maïs de grand-père respiraient encore. L'espace d'un instant, maïs et sorgho furent aussi immergés par les flots, transformant le paysage en un spectacle d'eau boueuse à perte de vue. Grand-père soupira et regagna la cabane. Grand-mère gémissait, nue sur sa paillasse. Elle avait une mine blafarde virant au gris et les cheveux pleins de foin. « Voilà le déluge ! » annonça grand-père angoissé.

Grand-mère se calma sur-le-champ, puis elle se redressa et se déplaça vers l'entrée pour se rendre compte de la situation. Elle se rétracta aussitôt, le visage blême et décomposé. Après un long moment de silence, elle finit par ouvrir la bouche dans un sanglot : « Bouuuh ! Laosan, c'est la fin, on ne s'en sortira jamais. » Grand-père l'aida à s'allonger : « Qu'est-ce qui t'arrive ? Nous qui avons déjà tué, et provoqué un incendie, de quoi pouvons-nous encore avoir peur ? On s'est toujours dit qu'un seul jour passé ensemble serait pour nous le plus grand des bonheurs, alors de quoi se plaindre ? Les eaux les plus terribles n'ont jamais enseveli les montagnes, les arbres les plus hauts n'ont jamais crevé les cieux, alors, mets sagement ton enfant au monde, moi, je vais voir ce qui se passe. »

Mon grand-père s'empara d'une branche qu'il planta en contrebas, juste au niveau de la langue d'eau vorace. Il remonta immédiatement en haut du mont d'où il continua d'observer le mouvement des eaux. Face au soleil, la vision était limitée, et la surface de l'eau scintillait, créant un rideau éblouissant. De l'autre côté, on avait le maximum de visibilité, de l'eau à perte de vue. Mais d'où pouvait donc bien venir cette eau bourbeuse et où se dirigeait-elle ? Les vagues heurtaient le mont, se mêlaient les unes aux autres en créant des tourbillons noirs plus ou moins grands. Parfois, un ou deux crapauds maladroits plongeaient droit dedans, disparaissant à tout jamais. La branche plantée par mon grand-père avait sombré, preuve de la rapidité avec laquelle les eaux progressaient. A contempler ce monde indécis, grand-père éprouvait quelque inquiétude. Par instants, il sentait son cœur se vider telle la plus désolée des steppes, à d'autres, il avait le cœur gros et les tripes complètement nouées. Pendant ces moments de rêveries, l'eau avait encore monté et la butte rapetissait à vue d'œil. Grand-père était pétrifié. Cependant, alors qu'il levait les yeux, il aperçut des pans entiers d'un ciel couleur bleu vernissé et poussa un soupir de soulagement. Les nuages effilochés, teintés et chassés par le vent, s'enfuyaient maintenant en toute hâte. Grand-père planta de nouveau une branche sur la berge, puis regagna ses pénates plus détendu. « Penses-tu pouvoir me donner un fils ? » demanda-t-il à grand-mère qui gigotait dans tous les sens.

A la tombée de la nuit, il fit une nouvelle sortie. Le ciel était envahi de nuages qui projetaient leurs coloris variés au milieu des eaux boueuses. Ici et là, un jaune, un rouge flottaient confusément. L'eau était stationnaire et grand-père se sentit rassuré. Soudain, de grands oiseaux argentés contournèrent le petit îlot en formations serrées. Grand-père n'avait jamais vu ce genre d'oiseaux. Leur cri roublard avait d'étranges consonances, et leurs ailes étaient enduites des rougeurs du ciel. Alors qu'il les regardait saisir de beaux poissons blancs entre leur becs, une petite faim le tirailla. Il retourna à la cahute, démarra le feu et prépara le repas. Toute mouillée par la transpiration, ma grand-mère n'oublia pas de se renseigner sur l'état des eaux. Il lui dit que le niveau avait commencé à baisser et qu'elle pouvait accoucher en toute tranquillité. Elle éclata en sanglots : « Laosan, je ne suis plus toute jeune, mes os n'ont plus la même souplesse et j'ai peur de ne pas pouvoir mettre cet enfant au monde. » « Ne t'inquiète pas, tout ira bien. »

Le petit bois était humide. En brûlant, il dégageait une fumée noire envahissante. Le soleil se couchait petit à petit et le crépuscule enveloppait ce monde aquatique d'un voile léger. Les oiseaux se posaient par groupes sur l'îlot dans un concert de piaillements. Grand-mère était incapable d'avaler quoi que ce soit. Grand-père avala sans cérémonies trois bouchées de nourriture et s'en trouva rassasié, l'estomac comme plombé par un amas d'herbes pourries. Son brouet d'avoine au poisson avait fini par se solidifier en refroidissant dans la casserole. Il faisait nuit, et grand-mère, gémissant parfois, luttait contre la douleur. Mon père se montrait obstiné, prenant tout son temps pour naître. Grand-mère était trop anxieuse et finit par lui parler : « Mon enfant, allons ! Montre-toi, ne laisse pas ta mère subir un tel supplice ! » Grand-père était assis près de la paillasse, énervé par un certain sentiment d'inutilité. Les pensées se bousculaient dans sa tête et, dès qu'il essayait de dire quelque chose, ses paroles sortaient hachées, comme coupées par un hoquet. N'arrivant pas à former ses phrases, il opta pour le silence. Un pâle clair de lune envahit timidement la cahute, teintant le crâne blanc de grand-père et le corps laiteux de grand-mère. Un grillon posté sur le toit de chaume se frottait bruyamment les ailes. Autour du monticule, l'eau faisait un vacarme assourdissant : horde de chevaux fous ou meute de chiens aux abois. Des chevaux ? Peut-être. De l'eau ? Pourquoi pas. Le bruit variait sans cesse, parfois proche, parfois éloigné, tantôt clairsemé, tantôt d'une extrême densité. Grand-père regarda audehors et vit briller sous la lune un îlot entier d'oiseaux d'un blanc aveuglant. Quelques châtaigniers avaient poussé sans l'aide de l'homme, de-ci de-là sur la colline, trop jeunes encore pour donner des fruits. Dans la journée, les feuilles se paraient des couleurs de l'automne, et disparaissaient à la lune. Dans la pénombre, les arbres avaient l'air couverts de fruits étranges, et les branches, dont le feuillage bruissait au moindre balancement, ployaient sous leur poids. Avec un peu plus d'attention, on se rendait compte que ces fruits n'étaient autres que ces grands oiseaux. Grand-père et grand-mère, un peu abattus, glissèrent inconsciemment dans le sommeil.

A l'aube du lendemain, la casserole de brouet avait été léchée par les rats jusqu'à la dernière miette. A l'intérieur de la cahute, quelques dizaines de bestioles affamées, qui faisaient toutes plus d'un pied de long, filaient encore en tous sens. Grand-mère n'avait pas la tête à s'occuper des rats. D'avoir trop gesticulé sur sa couche, elle avait le visage marqué par les coulées de sueur. Grand-père prit un bâton pour chasser les bêtes. Elles étaient agressives, tyranniques et semblaient bien décidées à semer la panique. Il fallut en tuer une dizaine pour qu'elles se retirent enfin, furieuses, et partent chercher leur nourriture ailleurs sur la colline. Les oiseaux étaient déjà au-dessus des eaux à guetter le poisson. Leur fiente et leurs plumes avaient laissé un îlot tacheté de noir et de blanc. Le soleil venait de sortir des eaux jaunâtres tel un gros kaki rouge sang que l'on aurait pu vider par simple pression de la main. A l'est, ciel et eau se confondirent, prenant en étau les circonvolutions de cette boule décidément rouge. Il s'en dégageait parfois du doré ou de l'argenté, et son aspect diabolique et cruel évoluait vers une forme délicate et régulière – frêle disque de soleil sur fond grandiose d'eau et d'azur. Mon grand-père vérifia l'état des eaux et vit que la branche qu'il avait plantée la veille marquait toujours la limite des flots. Le niveau était stationnaire et les énormes vagues furieuses avaient disparu. L'eau était aussi plane qu'un miroir. Il restait bien encore quelques tourbillons, mais de moindre importance. Toutes sortes d'objets divers flottaient autour de l'îlot. Grand-père apporta un long crochet métallique puis, les manches retroussées sur des biceps bien gonflés, il se mit à longer la rive en retirant de l'eau tout ce qui passait par là. Malles, armoires, poutres, morceaux de charpente, troncs d'arbres, seaux métalliques ; les objets les plus hétéroclites s'accumulaient derrière lui en file indienne. Les cris de grand-mère moins puissants qu'auparavant lui parvenaient sporadiquement. L'air abattu, il s'acharnait au travail comme s'il avait trouvé là le moyen de se changer les idées. Les châtaigniers noyés par les pluies torrentielles laissaient émerger de l'eau leurs coiffes inégales aux feuilles totalement décolorées. Grand-père aperçut non loin d'elles un amas blanc et noir, une chose obscure, qui flottait sur les eaux. Il lança le crochet de toutes ses forces et entendit un bruit mat de ricochet. Deux taches rouge sombre apparurent à la surface de l'eau. Réunissant toute son énergie, il ramena le crochet à lui et sentit soudain ses tripes se nouer. Secoué par un spasme, il se mit à vomir un liquide jaunâtre.

Grand-père avait accroché un cadavre. Les vêtements effilochés laissaient voir un corps tout gonflé. Le mort avait les jambes raides, les doigts de pieds bien étirés en éventail et son ventre avait la forme d'un ballon avec un nombril très profond. En regardant plus en détails, on voyait qu'il avait le poing fermé à droite et une main gauche toute difforme, sorte de moignon avec trois doigts sectionnés à la racine, un pouce et un index. L'omoplate avait été perforée de deux trous noirs par le grappin de mon grand-père, et l'eau trouble qui en sortait salissait le cou longiligne. Le menton du mort était caché par un épais collier de barbe poivre et sel aux poils très emmêlés. Sa bouche s'ouvrait sur deux rangées de solides dents noires, alors que ses lèvres avaient dû faire le festin de quelques animaux aquatiques. Il avait un nez aquilin, pointu comme une pousse de bambou. Son œil gauche n'était plus qu'une profonde cavité dans laquelle se déposaient les alluvions. Un nerf blanc comme neige appartenant au globe oculaire droit pendait le long de l'oreille. Un noir, un blanc divisant le monde avec clairvoyance. Le cadavre avait un trou rond, bien dessiné, entre les sourcils. Des cheveux blancs fusaient au milieu d'autres grisonnants, et son cuir chevelu était plissé comme le ver lorsqu'il a eu craché tout ce qu'il pouvait de fils de soie. La puanteur fétide du cadavre attira sur-le-champ un nuage de mouches. Grand-père ferma les yeux et repoussa le corps à l'eau. N'ayant pas le cœur de continuer cette pêche hétéroclite, il rinça énergiquement son crochet et prenant appui dessus se dirigea péniblement vers la cahute, vomissant à chaque pas.

Grand-mère était à bout de forces, gisant comme un gros poisson sorti de l'eau et tressaillant dans des convulsions sporadiques. A la vue de grand-père, elle eut un sourire difficile : « Laosan, sois gentil, achève-moi, je n'ai plus de force pour mettre ton enfant au monde. »

Grand-père prit sa main et la serra bien fort. Leurs regards étaient noyés par les larmes. « Demoiselle, c'est moi qui t'ai plongé dans le malheur. Je n'aurai jamais dû t'amener ici. » Les larmes coulaient sur les joues de grand-mère : « Arrête de m'appeler demoiselle. » En la regardant, il se remémorait les événements passés. Prise de nouvelles contractions, elle supplia en sanglots : « Laosan… sois gentil… juste un coup de poignard… » « Demoiselle, il ne faut pas dramatiser. Pense à toutes les difficultés que nous avons surmontées pour être enfin ensemble. Quand il nous a fallu tuer, tu m'as tendu le poignard, quand il a fallu mettre le feu, tu as porté la paille. Tes pieds de trois pouces t'ont supportée tout au long de cet interminable chemin, et tu ne pourrais pas mettre au monde un petit de la taille d'un chat ? » « J'en peux plus ! » « Attend un peu, je te prépare à manger. »

Grand-père fit cuire tant bien que mal une casserole de riz. Il remplit deux bols, en garda un pour lui et tendit l'autre à grand-mère. Affalée sur sa couche, elle secoua la tête sans énergie. Grand-père envoya promener son bol de riz et rugit de colère : « Très bien ! Puisque c'est comme ça nous mourrons ensemble ! Tu mourras, l'enfant mourra et moi avec ! » Il détourna son regard et braqua ses yeux vers l'extérieur où les rats se battaient comme des loups affamés. Grand-mère s'assit dans un seul élan, s'empara du bol de riz et n'en fit qu'une bouchée. Les larmes coulaient le long de son visage. Emu, grand-père tendit sa grosse main et caressa son dos.

Ce jour-là, ma grand-mère tourna de l'œil à trois reprises. Le soir venu, elle reposait rigide comme une morte sur sa paillasse. Tout en sueur et le visage en larmes, grand-père ne la quittait plus. A la nuit, le regard caverneux et arborant une barbe d'un jour, il sentit une grande confusion l'envahir.

Peu à peu le crépuscule envahit la cahute.
Sur la colline, les oiseaux revenaient innombrables.
Le criquet répéta sa complainte de la veille.
Les rats montrèrent le bout de leur museau,
Les yeux pétillant comme le charbon de bois.

L'épais rayon d'une lune mélancolique pénétra dans la cabane, inondant grand-père et grand-mère. Grand-père, ce grand gaillard, laissa tomber son menton entre ses mains, et ses yeux rapaces noirs se fermèrent à moitié. Le corps ramassé tel un aigle affamé, il avait l'allure du héros dépossédé. Grand-mère, femme au cou longiligne et aux seins opulents, avait le pied effilé et l'épaule délicate. Son ventre bombé abritait mon père. Un père qui allait naître sous les meilleurs auspices et pourtant se retrouver plus tard dans la peau d'un bon et honnête paysan. A l'ouest, le soleil avait presque disparu pendant que la lune montait à l'est, enrobant grand-père et grand-mère de sa lueur et les nettoyant de toute impureté. Hésitant, les rats essayaient de pénétrer dans la cahute. A la vue de grand-père totalement immobile, ils se déchaînèrent. Tout dans la cahute était trouble aux yeux de mon grand-père. Baignée par le clair de lune, grand-mère se débattait comme un grand oiseau blessé. Le bruit de l'eau et le raffut des oiseaux montaient à l'assaut. Au moment où le soleil disparut derrière la ligne d'horizon, grand-père sentit un fluide glacial qui lui parcourut le dos et lui arracha un frisson. Pointant son regard au loin, il aperçut une énorme chose pataude qui rampait à la faveur de la lune, dans leur direction. Sur le point de pousser un cri, grand-père se rendit compte que la chose parlait. C'était une voix de femme :

« Grand frère… sauve-moi… »

Grand-père se leva précipitamment et alluma une de leurs précieuses bougies. La femme rampait là, haletante, dans la lumière vacillante de la bougie. Il l'aida à se relever et la fit s'asseoir sur un tas de paille. Elle avait l'aspect d'une motte de terre détrempée. Assise, les épaules tombantes et le cou oscillant d'un côté et de l'autre, sa chevelure noire déployée sur ses épaules était pleine de brins d'herbe. Elle était habillée d'un vêtement couleur pourpre qui la moulait, et ses seins rondelets et soyeux se dressaient sous l'effet du froid. De longs sourcils coiffaient ses yeux en amande. Elle avait une large bouche et un nez proéminent qui mettait une bonne distance entre ses yeux.

« D'où viens-tu ? » A peine avait-il posé sa question qu'il se rendit compte de son ridicule. La femme était trempée jusqu'aux os, il était donc évident qu'elle sortait de l'eau. Elle ne répondit pas. Sa tête tomba sur son épaule et son buste pencha sur le côté. Alors qu'il l'empêchait de s'affaler complètement, grand-père l'entendit murmurer :

« Grand frère, donne-moi un peu à manger… »

Voyant du monde arriver, grand-mère oublia un instant ses préoccupations personnelles. Elle se blottit sur le côté pour que grand-père puisse installer la femme sur la couche. Il lui retira ses habits mouillés et la couvrit d'un vêtement de ma grand-mère avant de l'étendre aux côtés de celle-ci. Il alla puiser un bol de riz dans la marmite et se mit à nourrir la femme aux baguettes. Le ventre de la femme gargouillait, elle avalait tout rond sans mastiquer et finit son bol de riz en un clin d'œil. Grand-père alla en remplir un autre; elle se mit en position assise, ramena le vêtement sur elle, puis, prenant bol et baguettes, continua de manger. Cela faisait belle lurette que grand-père et grand-mère n'avaient rencontré quelqu'un. A la vue de cette femme qui engloutissait la nourriture avec autant de voracité, une légère inquiétude naquit au fond d'eux : n'avaient-ils pas plutôt affaire à un monstre ? Après avoir ingurgité le second bol de riz, le regard de la femme se posa sur grand-père d'un air suppliant. Il lui apporta un autre bol plein. Peu à peu, sa façon de manger devint plus civilisée. Le troisième bol expédié, grand-mère se mit à crier : « Ça suffit maintenant, tu as assez mangé ! » Surprise, elle tourna la tête vers grand-mère et s'aperçut alors de la présence d'une femme dans la cahute. Elle reposa son bol. Ses yeux noirs s'illuminèrent. Hésitant un instant, elle se lança dans une cascade de « merci ». Grand-père en profita pour la questionner de nouveau, mais elle ne voulut pas répondre. Il n'insista pas.

Grand-mère se remit à se tortiller dans tous les sens et la femme comprit. Elle se leva, fit quelques mouvements pour détendre ses membres puis se pencha et tâta le ventre de grand-mère. Elle lui sourit sans dire un mot, arracha une poignée de paille à la couche et l'éparpilla sur le sol. Puis soudain, à la vitesse d'un éclair, elle se baissa et retira de ses vêtements trempés un revolver tout noir qu'elle pointa immédiatement sur la poitrine de grand-père. « Debout ! Et que ça saute ou je le tue ! » dit-elle à grand-mère sur un ton sévère. En une culbute, grand-mère se retrouva, toute nue, debout devant la femme.

« Baisse-toi et ramasse la paille que j'ai étalée par terre. Je veux que tu ramasses les brins un par un en te relevant à chaque fois ! » ordonna-t-elle. Grand-mère hésitait, tardant à s'exécuter. « Alors, ça vient ? Sinon, je tire ! » dit la femme le regard furibond. Ses paroles percutantes explosaient telle une cascade de billes d'acier se déversant dans un plat de cuivre. Dans la lueur de la bougie, le revolver fusait d'éclats lumineux.

A cet instant, grand-père et grand-mère étaient vides de tout sentiment ; ils n'avaient pas peur mais se sentaient foudroyés, agissant comme dans un rêve. Ma grand-mère se pencha et se mit à ramasser les brins de paille un par un. Elle en prenait un et allait le déposer sur le poêle, puis un autre et ainsi de suite. Quand elle eut répété ce mouvement une bonne quarantaine de fois, elle vit le liquide clair couler entre ses jambes. Grand-père se ressaisit. La poitrine rythmée par une respiration pesante, il fixa la femme d'un regard pénétrant. Elle lui adressa un sourire gracieux qui lui donna un profil de toute beauté. « Ne bouge pas ! » souffla-t-elle tout bas à mon grand-père, puis elle dit à haute voix à ma grand-mère : « Dépêche-toi de me ramasser tout ça ! »

Le dernier brin enfin ramassé, et pleurant de rage, grand-mère injuria la femme : « Monstre ! »

Celle-ci rangea son revolver et se mit à rire aux éclats : « Vous vous trompez, je suis médecin. Grand frère, trouve un couteau et coupe-moi quelques morceaux de tissu propre, je m'occupe de ta femme. »

Mon grand-père ne savait quoi dire, il pensait en lui-même que cette femme devait être une sainte de passage parmi les mortels. Il dégota à la hâte un couteau et tout le nécessaire puis, toujours en suivant les ordres, se mit à nettoyer la marmite pour faire bouillir de l'eau. La vapeur s'élevait au-delà du couvercle. La femme sortit nettoyer ses vêtements. Elle les essora bien et se changea au clair de lune. Grand-père distinguant très nettement son corps de soie blanche, objet de dévotion, totem improvisé. L'eau bouillait. Une fois vêtue de ses propres habits, la femme pénétra dans la cahute et dit à mon grand-père : « Sors maintenant ! »

Grand-père était là à regarder le croissant de lune teinter d'argent la surface de l'eau. Par instants, un voile de brume voguait entre ciel et terre. Le léger bruit de l'eau claire s'y ajoutant, toutes les conditions étaient réunies pour que naisse en lui un pieux sentiment qui le fit s'agenouiller et implorer la lune.

Ouin ! ouin ! Les cris venaient de la cahute. Mon père était né. Le visage couvert de pleurs, grand-père fit intrusion dans la pièce.

Il vit la femme en train de nettoyer le sang de ses mains.

« C'est quoi ? » demanda-t-il.

« Un gars », répondit-elle.

Mon grand-père tomba à genoux : « Je n'aurai pas assez de cette vie pour te remercier de ta bonté, puisse le ciel m'accorder un jour de me réincarner en chien ou en cheval pour te servir. »

La femme eut un léger sourire et sombra aussitôt dans un profond sommeil. Grand-père l'installa sur la couche, caressa ma grand-mère et regarda attentivement mon père avant de se glisser furtivement hors de la cahute. La lune était déjà à mi-parcours quand le bruit d'un gros poisson monta de l'eau. Guidé par son raffut, grand-père se mit à sa recherche. En fait de poisson, il aperçut une masse flottante de couleur orangée qui progressait par à-coups dans la direction de l'îlot. Grand-père eut un sursaut de frayeur, puis s'agenouilla pour examiner la chose plus en détail. C'était rond et glissant, heurtant les eaux avec fracas. La chose se rapprocha et grand-père vit du blanc comme la toison d'un agneau et du noir, aussi noir que le charbon de bois ; le noir poussait le blanc, brisant l'eau en mille écailles d'argent et éclats de jade.

Le premier matin que connut mon père, l'îlot fut plongé dans un véritable chaos. A l'intérieur de la cahute, on trouvait mon grand-père debout ; ma grand-mère couchée ; mon père endormi ; la femme adossée au mur ; un homme en noir qui faisait les cent pas et une jeune fille assise, toute de blanc vêtue.

L'objet flottant que grand-père avait aperçu la nuit précédente était une grande jarre émaillée. Une jeune fille habillée de blanc se trouvait dans la jarre et un homme en noir la poussait.

L'homme en noir était de petite taille, son visage était maigre aux os saillants, ses yeux dont le blanc semblait de porcelaine étaient logés dans une orbite profonde. Il avait deux éventails en guise d'oreilles. Il s'accroupit et dit d'une forte voix nasillarde : « Cadet, as-tu une cigarette ? Les miennes sont trempées. » Grand-père opina de la tête : « Ça fait plus de six mois que je n'ai pas reniflé l'odeur du tabac. » L'homme en noir bâilla, et son cou s'allongea tel un véritable pieu de bois noir sorti de terre. Autour de ce pilier noir pendait une ficelle tout aussi noire. En suivant le fil du regard, on tombait sur deux pétoires bien calées à la taille. Il se leva et s'étira de tout son long. Mon grand-père avait le regard fixe, hypnotisé par les deux revolvers. Il avait les paumes moites. L'homme en noir porta son regard à sa taille. Puis, montrant les crocs, il dit avec un sourire féroce : « Cadet, donne-moi donc quelque chose à me mettre sous la dent ! Dans ce monde, on est tous frères. Ça fait deux jours et deux nuits que je patauge dans cette eau et tout ça pour elle. »

L'homme en noir avait désigné du doigt la jeune fille vêtue de blanc qui était assise là en tailleur. Elle était grande et se tenait bien droite. Un véritable visage d'enfant aux traits réguliers. L'arête de son nez était fine et ses petites lèvres roses et délicates. Elle avait de grands yeux, mais sans éclat. A la voir tâtonner sans cesse, on comprenait qu'elle était aveugle. Elle portait un vêtement de soie blanche et serrait dans ses bras un instrument de musique à trois cordes. Elle se mouvait avec lenteur, semblant toujours en apesanteur, comme les personnages de nos rêves.

Grand-père versa deux mesures de riz et dix poissons dans la marmite. Il alluma le feu. Fumée blanche et flammes rougeoyantes jaillirent de la gueule du poêle. L'homme en noir toussota, se mit debout et sortit de la baraque. Il retira de la jarre une pochette d'où il fit sortir quelques balles de cuivre. Après avoir nettoyé le cul des douilles, il les enfonça une à une dans le barillet de son arme.

La femme habillée de pourpre, soi-disant médecin, ne devait pas avoir plus de vingt-cinq ans. La nuit dernière, elle avait dormi d'un sommeil de plomb et semblait maintenant fraîche et dispose. Adossée dans un coin de la cahute, elle tressait ses cheveux de jais, observant froidement les manigances de l'homme en noir. Mon grand-père avait toujours à l'esprit son arme redoutable, il inspecta le tour de taille de la femme mais aucune forme proéminente ne s'y dessinait. En l'espace d'une nuit, trois étranges personnages avaient donc fait leur apparition sur l'îlot. L'esprit tourmenté, grand-père, qui savait pourtant ce que tuer voulait dire, se mit à préparer le repas tout en essayant de comprendre ce qui lui arrivait. Grand-mère était affaiblie, elle observa un instant ce qui se passait puis se recroquevilla et ferma les yeux.

La femme vêtue de pourpre s'avança pas à pas jusque devant l'aveugle. Elle s'accroupit et demanda à voix basse : « D'où viens-tu, sœurette ? »

« D'où viens-tu ?... D'où viens-tu ?... » répéta l'aveugle. Elle éclata de rire et deux grandes fossettes creusèrent ses joues.

« Comment t'appelles-tu ? » demanda de nouveau à voix basse la femme en pourpre.

L'aveugle ne répondait toujours pas, un délicieux sourire était apparu sur son visage comme si elle venait de pénétrer dans un univers idyllique.

Mon père se mit à hurler, il n'avait pas de larme et gardait ses yeux bien fermés. Grand-mère lui fourra son téton brunâtre dans la bouche et les pleurs cessèrent aussitôt. Quelques brindilles craquaient parfois dans le feu donnant au bruit lointain de l'eau un caractère grave et mystérieux. L'homme en noir était inondé de rayons crépusculaires ; son visage et son cou semblaient recouverts d'une couche de rouille. Les balles jaune d'or captivaient les regards de tous dans la cahute.

La femme en pourpre sortit d'un pas nonchalant, se rapprocha de l'homme en noir et, l'air presque confuse, demanda en ânonnant : « Vous pouvez me dire ce que c'est ? »

Le regard de l'homme en noir glissa rapidement sur la femme, « Un bâton pour attiser le feu », répondit-il avec un rire féroce.

« Il est creux ? » demanda-t-elle naïvement.

L'homme en noir s'arrêta et leva la tête, son regard scintillait comme l'éclair au travers des nuages. Chaque fois qu'il riait, son menton pointu et étriqué se ridait comme une bête féroce. « Souffle donc dedans, tu verras bien ! » dit-il.

La femme en pourpre dit timidement : « Je ne m'y risquerais pas, si une fois dans ma bouche je n'arrivais plus à le retirer. »

L'homme la regarda. Le doute sur son visage, il rangea rapidement ses munitions, se leva et s'en retourna avec la démarche saccadée des gens qui ont les jambes arquées. Le doux fumet du riz au poisson emplissait déjà l'atmosphère.

Il n'y avait que deux bols. Après les avoir remplis, grand-père en prit un dans ses mains et le présenta à la femme vêtue de pourpre. « Prenez ! Miséreux et bien mal lotis, nous n'avons rien d'appétissant à vous offrir, mais à la décrue, je ferai de mon mieux pour vous remercier. » La femme ferma à demi les yeux, prit le bol en riant et le tendit à ma grand-mère : « C'est elle qui a besoin d'un bon remontant, va donc lui pêcher quelques poissons et fais-lui mijoter une bonne soupe ; la carpe est un fortifiant et la carpe-têtarde donne du lait. » Les larmes aux yeux, grand-mère saisit le bol d'un mouvement frêle. Les lèvres tremblotantes, elle ne réussit pas à parler. Alors qu'elle penchait la tête, une larme tomba sur le visage de mon père qui ouvrit les yeux ; deux petites billes noires se mirent à observer avec indolence les poussières en suspension dans la lumière.

Grand-père tenait l'autre bol de riz, il jeta un coup d'œil sur l'homme en noir et s'excusa : « Pardonnez-moi de vous faire attendre. » Puis il présenta le bol à la femme en pourpre. C'est alors que l'homme en noir intercepta le bol de riz et le ramena à lui. Un sourire glacial se lisait sur son visage. Grand-père n'arrivait plus à contenir son mécontentement, et sa contrariété se transforma en quinte de toux.

L'homme qui s'était emparé du bol de riz ne le mangeait pas. Il était accroupi devant l'aveugle, le bol dans la main gauche et faisait levier avec les baguettes pour faire pénétrer le riz par petits tas dans la bouche de la jeune fille. Celle-ci serrait son instrument le cou tendu, dodelinant légèrement de la tête comme l'oisillon pour recevoir la becquée. Elle mangeait tout en pinçant les cordes.

Après avoir donné deux bols de riz à la jeune aveugle, l'homme en noir se sentit un peu las. Il saisit la manche de son vêtement et essuya la bouche de la jeune fille, puis il se retourna et lança le bol à la femme en pourpre : « Demoiselle, à toi ! » « Je devrais peut-être te laisser manger d'abord », dit-elle. « Je n'ai jamais brillé, ni par mon intelligence ni par mes actes, je peux aussi bien manger plus tard ! » « Prends garde que le coup ne parte tout seul », lui dit-elle.

Grand-père raconta à l'homme en noir les événements de la veille, espérant lui faire comprendre la situation. Mais celui-ci partit d'un rire froid interminable. Grand-père lui demanda : « Pourquoi ris-tu ? Tu t'imagines que je te raconte des histoires ? » L'homme, qui se composait soudain un faciès des plus sérieux, répondit : « Comment oserais-je ! Il n'y a rien d'extraordinaire dans tout ça, les hommes s'illustrent tous d'une façon ou d'une autre. » « Ce n'est pas mon cas », répliqua mon grand-père. « Comment, ce n'est pas ton cas ? Si tu ne t'étais pas illustré par quelques faits et gestes, tu ne roulerais pas ta bosse dans le marais. »

Pendant que l'homme parlait, quelques gros rats attirés par l'odeur du riz montrèrent leurs têtes. Continuant son discours, il passa sa main à la ceinture et saisit un revolver. Pan ! pan ! une fumée bleutée sortit de la gueule du pistolet et l'odeur de poudre se propagea dans l'atmosphère. Deux rats gisaient à l'entrée de la cahute, autour d'eux, des éclaboussures rouges et blanches. Grand-mère fit tomber son bol de peur, grand-père restait pantois. La femme en pourpre fixait l'homme d'un regard noir. Mon père ronflait profondément pendant que l'aveugle pinçait les cordes de son instrument, dling ! dling ! Grand-père s'emporta tout d'un coup : « Vous êtes fou ! » L'homme en noir éclata de rire. D'un pas nonchalant, il s'approcha de la marmite et se servit une louche de riz, puis il se mit à manger comme si les autres n'avaient pas existé. Quand il fut bien repu, il tapota le crâne de l'aveugle, la prit par la main et sortit d'un pas chancelant, sans le moindre mot de politesse. Après avoir installé la jeune aveugle au soleil, il sortit ses deux revolvers et s'amusa à viser les grands oiseaux qui, en quête de nourriture, virevoltaient joyeusement près de l'îlot. Il ne rata aucun de ses coups. Rapidement, une dizaine de cadavres d'oiseaux flottèrent sur l'eau, répandant leur sang alentour. Affolés, les oiseaux s'envolaient par groupes entiers, aussi haut et aussi loin qu'ils le pouvaient. Ceux que les balles continuaient d'atteindre tombaient en chute libre fracassant et marquant l'eau d'auréoles sanguinolentes.

La femme vêtue de pourpre, le teint blafard, se rapprocha lentement de l'homme en noir. Il ne lui prêta pas attention. Son visage basané se teintait de couleur acier sous les rayons du soleil. Il chantonnait accompagné des sonorités pincées de la jeune aveugle :

« Sauterelle verte, grillon noir, libellule rouge, corneille blanche, hirondelle bleue, bergeronnette dorée. »

« C'est toi Septime, le célèbre Septime ! » dit la femme en pourpre. « Non, je ne suis pas Septime », répondit l'homme en noir en lui jetant un coup d'œil. « Qui d'autre que

Septime aurait ce genre de petits bijoux d'armes à feu ? » L'homme coinça ses armes dans son pantalon et montra ses dix doigts vigoureux : « Regarde, est-ce que je suis Septime ? » Il expédia un crachat dans l'eau. Immédiatement, un banc de petits poissons l'encercla. « Ma fille, reprends la chanson où j'en étais resté ! » demanda-t-il à l'aveugle. « Chante ! "Corneille blanche, hirondelle bleue, bergeronnette dorée…" »

La jeune aveugle chanta, le sourire aux lèvres. Sonorités enfantines, émouvante candeur : « La sauterelle verte mange l'herbe verte, la libellule rouge mange l'asticot rouge, le grillon noir mange le blé noir. »

« Tu voulais dire que Septime n'a que sept doigts ? » demanda la femme vêtue de pourpre. « Celui qui n'a que sept doigts, c'est Septime, celui qui en a dix n'est pas Septime. »

« La corneille blanche mange le grillon noir, l'hirondelle bleue mange la sauterelle verte, la bergeronnette dorée mange la libellule rouge. »

« Mais tu viens de me prouver que c'est toi la meilleure gâchette de Gaomi. » « Septime était meilleur que moi, Septime pouvait tirer une mouche, moi pas. » « Mais où est donc Septime ? » « Je l'ai descendu. »

« La sauterelle verte mange la corneille blanche, le grillon noir mange l'hirondelle bleue, la libellule rouge mange la bergeronnette dorée. »

Le soleil inondait la colline. Depuis que les oiseaux avaient pris le large, l'eau était calme et étincelante. Les pieds dans l'eau, les châtaigniers étaient complètement immobiles. La femme en pourpre se frotta les mains. Elle dégaina en un éclair de temps et visa l'homme en noir. La balle le toucha en plein thorax. Il tomba la tête la première puis se retourna lentement. Une expression joyeuse se lisait sur son visage : « Brave enfant… toi et ta mère vous êtes bien de la même trempe… » La femme en pourpre se mit à sangloter : « Pourquoi as-tu assassiné mon père ? » L'homme en noir leva péniblement un doigt et désigna la jeune aveugle toute de blanc vêtue. Un dernier râle et la tension de son bras se relâcha. Sa tête reposait, lourde, sur le sol.

Un énorme coq noir se montra, le cou tendu et poussa un long « cocorico ! » L'aveugle continuait de chanter, accompagnée de son instrument.

La décrue était amorcée.

Quand j'étais tout petit, mon grand-père m'avait appris une chanson :

Sauterelle verte, grillon noir, libellule rouge,
Corneille blanche, hirondelle bleue, bergeronnette dorée.
La sauterelle verte mange l'herbe verte,
La libellule rouge mange l'asticot rouge,
Le grillon noir mange le blé noir,
La corneille blanche mange le grillon noir,
L'hirondelle bleue mange la sauterelle verte,
La bergeronnette dorée mange la libellule rouge,
La sauterelle verte mange la corneille blanche,
Le grillon noir mange l'hirondelle bleue,
La libellule rouge mange la bergeronnette dorée.
Arrive un énorme coq qui le cou bien tendu pousse un long « cocorico ! »

Avril 1985

Achevé d'imprimer sur les presses
du Groupe Horizon
200 avenue de Coulin
13420 Gémenos-F

Dépôt légal : novembre 2000
Imprimé en France